¡Latina Power!

Utilice sus 7 fortalezas para decir NO al maltrato

Un manual de trabajo de *¡Latina Power!*

Dra. Ana Nogales
con Laura Golden Bellotti

Copyright © 2011 Ana L. Nogales

Todos los derechos reservados

ISBN **978-0-9705274-7-9**

Impreso en los Estados Unidos de América

Primera Edición

Portada ("Corazones") por Laura López Cano

¡Latina Power!: Utilice sus 7 fortalezas para decir NO al maltrato está patrocinado por Casa de la Familia, una organización no lucrativa que ofrece sus servicios a las minorías menos representadas y desprotegidas en los condados de Los Angeles, Riverside y de Orange con un enfoque especial en la comunidad Latina. Casa de la Familia ofrece programas educativos y de enlace comunitario sobre temas de salud mental y ofrece servicios psicológicos de corto y largo plazo a niños, jóvenes, adultos y personas de edad avanzada, incluyendo víctimas de abuso doméstico, violación, trata de personas, abuso infantil y abuso en contra de personas de edad avanzada.

Dedico este libro a todas aquellas mujeres que contemplan una vida sin maltratos; mujeres que entienden que la violencia no significa amor, y que merecen que las traten con respeto y bondad.

La violencia contra la mujer nunca debe ser aceptada, ignorada, justificada o racionalizada.

¡La violencia no es amor!

Contenido

Introducción. 1
Nota de presentación para las lectoras 3

Capítulo 1: Utilice sus 7 fortalezas de *¡Latina Power!* para decir NO al maltrato. 5

Capítulo 2: *Espíritu Creativo* para forjar una vida sin violencia. 21

Capítulo 3: *Determinación de la Aguantadora* para reconocer la diferencia entre un comportamiento aceptable y uno abusivo. . . . 40

Capítulo 4: *Valor de la Atrevida* para reconocer que usted no puede cambiarlo. Usted es la única que puede cambiar. 71

Capítulo 5: *Habilidad Comunicativa de la Comadre* para comunicarse con quienes pueden ayudarle 95

Capítulo 6: *Equilibrio de la Malabarista* para dar prioridad a sus propias necesidades y a las de sus hijos 117

Capítulo 7: *Discreción de la Diplomática* para preparar su plan de acción 138

Capítulo 8: *Seguridad de la Reina* para disfrutar su vida y ayudar a otras sobrevivientes de abuso doméstico 162

Apéndice: Organizaciones. 187

Introducción

Hemos nacido con el derecho a ser honrados y respetados como seres humanos, pero cuando una mujer es objeto de maltratos, se le despoja de ese derecho. El abuso intrafamiliar jamás puede ser parte de una buena relación. Cuando el temor, la intimidación, y la crueldad están presentes en la relación de una mujer, ella deja de ser si misma.

Basándose en las 7 fortalezas de ¡*Latina Power!,* que forman parte de cada mujer Latina, este manual de trabajo representa el camino a la sanación de una vida de maltratos a un vida libre de abusos.

En el transcurso de este libro de ¡Latina Power!: *Utilizando sus 7 fortalezas para decir NO al maltrato,* las participantes aprenderán a desarrollar sus 7 fortalezas de Latina Power para poder crear una vida con dignidad.

Este *Manual de Trabajo de ¡Latina Power!: Utilizando sus 7 fortalezas para decir NO al maltrato* incluye:

- Explicaciones sobre cómo cada una de las siguientes 7 fortalezas de Latina Power pueden utilizarse para salir de una vida de abuso doméstico:
    - **Espíritu creativo**
    - La ferviente determinación de la **aguantadora**
    - Habilidad comunicativa de la **comadre**
    - La discreción de la **diplomática**
    - El valor de la **atrevida** para enfrentar dificultades

- - El sentido de equilibrio en la multitarea de la ***malabarista***
  - La seguridad y confianza de la ***reina***, al estilo de una Diva
- Ejercicios y afirmaciones que ayudarán a las lectoras a poner en práctica las 7 fortalezas
- Sesiones de imágenes guiadas que invitarán a las lectoras a experimentar cada una de las 7 fortalezas
- Historias de mujeres que han hecho la transición de una relación abusiva a disfrutar una vida digna
- Información práctica y recursos para mujeres que enfrentan maltratos.

Abrigo la esperanza de que este **Manual de Trabajo de Latina Power** fortalezca a las mujeres para realizar esos cambios "salvavidas" que tanto merecen. Creo firmemente que dentro de ellas existe la fortaleza para hacerlo.

—Dra. Ana Nogales

Nota de presentación para las lectoras

Si cree que se expone anotando sus pensamientos y haciendo los ejercicios en este cuaderno (debido a que su pareja puede encontrarlo), no los escriba aquí. En lugar de eso, escriba la información necesaria en una hoja de papel que pueda mantener bien escondida, o sólo lea los ejercicios y mantenga sus respuestas en la mente.

Confíe en usted misma. Cuando necesite poner en marcha su plan de acción, sabrá como proceder.

Capítulo 1

Utilice sus 7 fortalezas de *¡Latina Power!* para decir NO al maltrato

Cuando entramos en una relación seria con alguien, ninguna de nosotras espera malos tratos. Nos atraen las cualidades positivas de una potencial pareja; nos apasionamos por esa persona, y generalmente ignoramos o nos cegamos ante cualquier atributo negativo, y nos enamoramos. Pero existe otra cosa que influye en nuestra atracción hacia la pareja prospecto: nuestra necesidad de amar y ser amadas. Cada una de nosotras añora un acercamiento especial con una pareja. Podemos sentirnos atraídas hacia una relación por la intensa atracción física, pero también queremos estar íntimamente conectadas con alguien que comparta nuestros valores, que nos comprenda, nos trate con bondad, y nos ofrezca compasión y apoyo emocional. ¿Y quién no anhela una persona con quien compartir sus sueños para el futuro, alguien que sea nuestro amigo más allegado? Quizás estas son las cosas que usted quería cuando recién inició la relación con su esposo o novio.

Ahora... este es el interrogante: ¿Aún será posible la conexión cercana que usted quería, pese a que su pareja la maltrata? ¿Si le lastima verbal, emocional o físicamente, podrá todavía esperar a tener una buena relación? Quizás la respuesta no es tan fácil. Creo que podría serle útil que se imagine revolviendo una olla en su cocina.

En esta olla, usted tiene que poner todas las cualidades positivas que tiene o tenía su esposo o novio. Quizás entre sus mejores características están su generosidad, su pasión o su sentido del humor. Posiblemente era la forma en que la hacía sentir cuando empezaron a conocerse —amada y protegida, o valorada y respetada—.

Ahora, agréguele a la olla la forma en que la trata cuando se enoja: sus violentas amenazas, los insultos, la falta de respeto y las palabras hirientes, las bofetadas, empujones o golpes. Echar todas estas cosas a la olla es como agregarle veneno a una comida apetitosa. Aunque al principio los ingredientes son saludables y deliciosos, una vez que se le mezcla el veneno, es una comida que no se puede comer. El veneno—el abuso, la violencia y el dolor—ha arruinado todo lo demás que hay en la olla. Si prueba lo que está en la olla ahora, le hará daño.

El hecho de que haya decidido leer este libro es señal de que podría haber sido lastimada de esta forma. También indica que tiene suficiente fuerza para querer enfrentar su relación y averiguar de qué manera va a manejar la situación. Así que aplaudo su decisión y le doy la bienvenida al camino que la conduce a una sanación como propone este Manual de Trabajo.

El abuso doméstico jamás podrá ser parte de una buena relación. Cuando el temor, la intimidación y la crueldad están presentes en su relación, ya no podrá ser la persona que estaba destinada a ser. Cada una de nosotras nace con el derecho a ser honrada y respetada como ser humano. Cuando nos maltratan, nos despojan de ese derecho. Entonces, ¿cuál es la solución? Se encuentra en sus 7 fortalezas de *Latina Power*, de las que hablaremos en un momento. Primero quiero invitarla a participar en el siguiente ejercicio.

Ejercicio: Revolviendo la olla

Quiero que piense en las virtudes de su pareja —pasadas y presentes— y las anote en el siguiente espacio. Quizás ya dejó de mostrar esa bondad o sentido del humor, o el respeto que manifestaba cuando se conocieron.

No importa, de cualquier manera puede incluir esas características al lado de las cualidades positivas que manifiesta en la actualidad. La idea es incluir en su "olla" todas las cosas que aprecia y le gustan de él, o que alguna vez le agradaron.

Cualidades positivas de mi pareja

_____
_____
_____
_____
_____
_____
_____
_____
_____
_____
_____
_____
_____
_____

Ahora escriba una lista de las cosas que hace su pareja cuando se enoja con usted. Podría incluir acciones como: golpes, patadas, bofetadas, empujones, insultos irrespetuosos y humillaciones, obligarla a tener relaciones sexuales, amenazarla con violencia o lanzarle objetos. No le tema a la lista de comportamientos. Este es su manual de trabajo y su espacio para expresar la verdad.

Lo que él hace cuando se enoja conmigo

_____
_____
_____
_____
_____
_____
_____
_____
_____
_____
_____
_____
_____

Ahora agréguele los maltratos a la "olla" que contiene las cualidades positivas de su pareja. De acuerdo a lo discutido previamente, cuando se agrega la segunda lista a la primera, no hay forma de evitar que la combinación de ingredientes le haga daño. Piénselo.

A lo largo de este manual de trabajo usted decidirá si quiere o no participar en una relación dañina. Ahora me gustaría ofrecerle una introducción a las 7 fortalezas de **Latina Power** que pueden ayudarla a decir NO al maltrato y SÍ a una vida más feliz.

Las 7 fortalezas de *Latina Power*

En la cultura latina, a las mujeres se les aprecia por una serie de cualidades importantes. La más destacada es su generosidad con la familia y comunidad: ser el pilar que mantiene unida a la familia, y además ser lo suficientemente fuertes como para soportar cualquier adversidad que amenace la supervivencia del núcleo familiar.

Latina Power se trata del descubrimiento de otro aspecto de esa fuerza que brinda cuidados y cariños: nuestra capacidad de dar y nutrirnos a nosotras mismas, la capacidad de fortalecernos y llevar adelante la vida que elegimos. Como sobreviviente de abuso doméstico, yo sé que usted se beneficiará mucho de prestar toda su atención, amor, apoyo y devoción a quien más lo merece: usted misma. Al hacer uso de sus fortalezas de *Latina Power* —cualidades que ya lleva en su interior— no sólo podrá decir "¡No!" a una relación abusiva, sino que podrá decir "¡Sí!" a la realización de una vida pacífica y más feliz.

Como latinas, algunas de nosotras tendemos a ser tan modestas que no reconocemos nuestras más impresionantes cualidades hasta que alguien más nos las señala. Como si creyéramos que al reconocer nuestras fortalezas se nos percibiera como pretenciosas. Pero este reconocimiento de quiénes somos y en lo que nos podemos convertir, puede ser el primer paso hacia la expansión y el enriquecimiento de nuestras vidas. ¿Cómo descubrirá las 7 fortalezas a través de este manual de trabajo? La respuesta es que son características de su verdadero ser, y pueden conducirle a la vida que desea llevar, una sin maltratos. ¿Está lista para aprender sobre sus 7 fortalezas?

Espíritu creativo

En el transcurso de la historia de nuestra cultura, las latinas hemos utilizado nuestro espíritu creativo como herramienta de supervivencia. De forma creativa, encontramos maneras de mejorar nuestro estatus económico, suprimir "además" contra la opresión política o ayudamos a nuestros hijos a fijar metas y buscar nuevas oportunidades. Los padres y abuelos latinos han servido como ejemplo de creatividad. Lo que hemos aprendido de nuestros mayores es que podemos utilizar el espíritu creativo para derribar barreras y luchar para tener la vida que deseamos.

La creatividad también está relacionada con la intuición, lo cual parece ser inherente a toda mujer. Nuestra intuición nos ayuda a aprovechar el espíritu creativo, y lo utilizamos para escoger de forma creativa lo que más nos conviene. Los hombres también tienen intuición, pero debido a que las mujeres hemos sido entrenadas a estar más en contacto con nuestras emociones y nuestro interior, estamos más concientes de nuestros poderes intuitivos. Las latinas tenemos un sentido de intuición particularmente más fuerte, debido a que poseemos una relación muy estrecha con la naturaleza y, en última instancia, con la fuerza creativa.

Como latina, puede utilizar su creatividad para hacer frente a una relación de abuso. ¿Cómo podría funcionar esto? Así como aprenderá en el siguiente capítulo, cuando recurra a su espíritu creativo podrá crear la visión de lo que sería su vida sin el maltrato. Su creatividad puede ayudarla a transformar esta visión en nuevas maneras de pensar sobre su relación, sobre usted misma, y sobre las opciones que están disponibles para usted. Su espíritu creativo le fue inculcado como un vínculo con la magnífica creación del universo, y puede utilizarlo para poner fin al miedo e intimidación del maltrato. No existe límite hasta donde puede llevarle su visión creativa, si usted lo permite.

La determinación de ser aguantadora

La determinación es una característica esencial en la experiencia de ser latino. Si sus parientes fueron como cualquier otro de la mayoría de las familias latinas, probablemente le enseñaron que la determinación es fundamental para soportar los obstáculos de la vida y centrarse en sus metas. De hecho, la tenacidad de aguantar las dificultades de la vida es incluso mencionada en los códices aztecas. Estos son la descripción sistemática de los ideales y los valores de los aztecas escritos desde la perspectiva de su propia nobleza.

A las latinas nos educan para tener determinación, para ser resistentes frente a los problemas sin importar lo que venga. La cultura latina sigue enseñándonos a soportar y ser persistentes, y lo hacemos de forma automática, sin cuestionarlo. Pero ahí hay también otra connotación negativa a la expresión común de "aguántate, mujer". Implica que las mujeres simplemente deben soportar las dificultades —incluyendo el abuso doméstico— sin tomar acción para cambiar las circunstancias. Quizás su madre, tías, o abuelas consagraron semejante filosofía de "sólo aguántalo". Tal vez ellas justificaron el trato abusivo de su esposo diciendo que "sencillamente así son los hombres". Pero como aprenderá en el Capítulo Tres de este manual de trabajo, ser una "aguantadora" con determinación, puede tener un significado muy diferente. Puede significar que usted está decidida a marcar la línea entre lo que es un comportamiento aceptable y uno abusivo, y no tolerará esos abusos, ni siquiera por parte de la pareja que ama.

El valor de la atrevida

Las mujeres latinas siempre han tenido que ser valientes. De generación en generación, muchos de nuestros parientes han enfrentado circunstancias desconocidas y tuvieron que adaptarse a nuevas costumbres. Muchas veces los latinos han tenido que abandonar sus países de origen y aventurarse valientemente a crear nuevas vidas para sí mismos y sus familias, a veces contra viento y marea. Como mujeres, sabemos que para lograrlo tenemos que desarrollar la actitud valerosa de la "atrevida". Incluso si tenemos que recorrer un camino más difícil, hacemos todo lo posible para asegurarnos que nuestros hijos tengan una vida mejor de la que tuvimos y que la familia esté protegida. No dudamos en tomar riesgos personales si esto implica ayudar a nuestros hijos o parientes. Somos capaces de aprovechar nuestra valentía porque, como latinas, llevamos dentro nuestro una herencia de valor.

Muchas de nosotras también hemos tenido que librar ciertas batallas personales con valentía. Quizás tuvo que rebelarse contra aquello que su familia consideró un comportamiento adecuado para la mujer. Tal vez enfrentó actitudes sexistas o racistas en el trabajo y ha tenido que recurrir a su valor de atrevida para defender su posición. Ser valiente implica tener ímpetus y la energía para exponerse y tomar una ruta alterna aunque el camino sea incierto.

Al hacerle frente al abuso doméstico, el hecho de ser "atrevida" significa tener la valentía para reconocer que usted no puede cambiar a una pareja abusiva; sólo puede cambiar usted. ¿Y qué puede ser más desafiante que verse bajo una nueva luz, cambiando su punto de vista, y correr el riesgo de nuevos comportamientos? En el Capítulo Cuatro aprenderá cómo puede lograr obtener la fuerza para romper con viejas rutinas y darse la oportunidad de renovarse. Hacer cambios positivos recurriendo a la "atrevida" valiente que habita dentro de usted puede significar la diferencia entre el estancamiento y la prosperidad, entre una vida de abusos y una vida de seguridad y paz.

La habilidad de la comadre para comunicarse

Cuando se trata de crear redes de comunicación, las latinas tenemos un don natural. Para nosotras es sencillo comunicarnos y ayudar a quien lo necesite ya sea dentro o fuera de nuestras familias y comunidades, porque así nos enseñaron nuestras madres y abuelas. Aprendemos a resolver problemas juntas y hablando con nuestras comadres, amistades más cercanas y las mujeres de la familia. Cuando necesitamos ayudarnos mutuamente con el cuidado de los niños, alimentar a algún anciano postrado en cama o que no pueda salir de su casa, u organizar eventos para sembrar árboles en nuestro barrio, nosotras recurrimos a esa red de comunicación y logramos lo que nos proponemos. Como latinas hemos aprendido a ser ingeniosas haciendo uso de la estrecha comunicación que tenemos con nuestras amigas más allegadas. Usted puede utilizar esta habilidad de comunicación de la comadre para informarles a otras mujeres que necesita ayuda para enfrentar la crisis de abuso doméstico.

Las mujeres que han pasado por lo que actualmente atraviesa usted están más que dispuestas a brindarle apoyo y ponerse de su parte. Han recibido el respaldo y amparo de otras "comadres", y han comprendido que ahora les toca a ellas apoyar a otras mujeres que lo necesitan. También puede acudir a sus amigas y parientes de mayor confianza, aquellos que se preocupan por usted y que no van a criticarla o juzgarla. Asimismo, las mujeres profesionales que se dedican a ayudar al prójimo están disponibles para ofrecer asistencia invaluable. Como descubrirá en el Capítulo Cinco, una vez que tenga su propia red de apoyo entre "comadres", recobrará la fuerza necesaria para tomar cualquier decisión que considere la correcta para usted. Ya sea que decida unirse a un grupo de apoyo, ver a un consejero, hablar con un abogado o acudir a un albergue para mujeres, descubrirá que no está sola cuando utilice su habilidad de comunicación de "comadre" al ponerse en contacto con mujeres que le pueden ayudar.

Nuestra cultura latina anima a las mujeres a fomentar esos vínculos de apoyo y ayuda a respaldarse mutuamente. Nuestras abuelas y mamás siempre se han beneficiado de la fortaleza y espiritualidad de sus amigas, y ahora usted puede utilizar esa forma significativa para comunicarse con sus "comadres", y así recibir la ayuda que necesita.

Equilibrio de malabarista

La noción del equilibrio es un concepto importante en las culturas indígenas de Latinoamérica. Se dice que cuando los elementos de la vida están equilibrados, se experimenta un sentido de armonía interior. Sólo cuando un individuo posee esa armonía interior es cuando puede llevar ese equilibrio a la familia y comunidad.

Como latinas nos enseñan a equilibrar nuestros compromisos con el cónyuge, hijos, padres, familias extendidas, comunidades, y vida espiritual. Aunque con frecuencia parece ser abrumador, de alguna manera nos las ingeniamos para cumplir con todo lo que se espera de nosotras. Hoy en día debemos además equilibrar los compromisos con nuestra familia y nuestro trabajo. ¿Pero qué pasa con el compromiso con nosotras mismas? Si desea obtener ese sentido interior de equilibrio y la armonía de la "malabarista" debe observar su interior y descubrir lo que necesita, lo que quiere, a dónde quiere que la conduzca su vida. Esa autorreflexión será la clave para cambiar lo que sea que esté causando ese desequilibrio.

Lo más probable es que como sobreviviente de abuso doméstico, su vida actualmente se encuentre sin equilibrio debido a tanta energía y atención que ha volcado en los estados de ánimo, enojo, circunstancias y necesidades de su pareja abusiva. Lo más probable es que haya dejado sus propias necesidades en el abandono, debido a ese temor intenso y atención excesiva que le ha dedicado a él. En el Capítulo Seis tendrá la oportunidad de inclinar la balanza para que sus propias necesidades y las de sus hijos tengan prioridad. Creo firmemente que cuando una relación abusiva llena nuestra vida con temor y dolor, es imposible lograr un sentido de paz y equilibrio. No obstante, cuando ponga suficiente atención a sus propias necesidades y a todas aquellas cosas que le hacen sentir en paz y armonía, estará en el camino que la conduzca a liberarse del abuso.

La discreción de la diplomática

La diplomacia es una característica que desarrollamos en nuestras grandes familias debido a que nosotras las latinas tenemos que asegurarnos de que todos se lleven bien, aún cuando estemos en un gran desacuerdo. Con tantas personalidades diferentes enfrentándose entre sí y las diversas opiniones que suelen expresarse en casi todas las familias latinas, nosotras usualmente somos las que utilizamos nuestro tacto y discreción para unir a todos los miembros y limar asperezas.

Ser diplomática también significa escoger el momento y lugar oportunos para hablar o tomar acción, y de este modo lograr con eficacia el resultado que nos proponemos. Esta es la cualidad que será particularmente importante a medida que empiece a tomar decisiones sobre cómo hacer frente a su relación abusiva. En el Capítulo Siete aprenderá que el tiempo, tacto y discreción le ayudarán considerablemente a medida que elabora un plan para hacer frente a la relación de abuso que existe con su pareja.

La seguridad de una reina

Las mujeres son muy veneradas en nuestra cultura y, debido a que tradicionalmente se nos ha adjudicado el papel de "reina del hogar", heredamos una confianza básica en nosotras mismas. Ciertamente el papel de la mujer se ha ampliado en las últimas décadas, y ahora tenemos la oportunidad de convertirnos en "reinas" en otros ámbitos fuera del hogar. Pero como latinas, el sentido de nosotras mismas a menudo se basa en el conocimiento de que somos consideradas sumamente fuertes y capaces, ya que la responsabilidad de dirigir a nuestras familias inspira respeto.

Aunque pueda sentir una falta de fuerza interior en la lucha de hacer frente a su relación abusiva, realizar los ejercicios de este libro y enterarse de cómo otras mujeres han superado circunstancias similares a la suya será fundamental para recuperar la seguridad en sí misma. La seguridad de una reina. ¡Yo sé que puede ser la reina de su propia vida, que puede generar fuerza, determinación, creatividad y valor, y que con la ayuda de sus comadres, puede decirle NO al abuso. Junto a las muchas voces que le apoyan en este libro, yo voy a ayudarle para que logre ese objetivo.

Ejercicio: Lo que espera lograr leyendo este libro

Ahora que le hemos presentado las 7 fortalezas de Latina Power y cómo pueden servirle para enfrentar a su relación abusiva, le invito a considerar el objetivo que le gustaría lograr con la lectura de este libro. Podrá volver a repetir las páginas anteriores para repasar cada una de las 7 fortalezas en términos de su propia vida. ¿Le gustaría fortalecer su sentido de determinación, valor y confianza en sí misma? En el curso del libro alcanzará a comprender cómo el desarrollo de estas características puede ayudarle a combatir el abuso doméstico, y aumentará a la vez su capacidad de hacer uso de sus 7 fortalezas. Pero por ahora escriba lo que espera lograr leyendo este libro y haciendo los ejercicios en cada capítulo. Puede escribir las pocas o muchas cosas que usted quiera. El espacio es suyo.

Lo que espero lograr leyendo este libro

_____
_____
_____
_____
_____
_____
_____
_____
_____
_____
_____
_____
_____
_____

Cuando termine de leer este libro y de completar los ejercicios, creo que se sorprenderá de lo mucho que habrá logrado. Así que una vez que termine de leer el manual regrese a esta página. Después podrá comparar todo aquello que esperaba conseguir con lo que realmente obtuvo.

¿Está en una relación abusiva?

El hecho de que esté leyendo este libro probablemente indique que usted sabe a ciencia cierta, o sospecha, que se encuentra en una relación abusiva. Quizás supone que si su pareja le ha pegado sólo una o dos veces, o si acostumbra amenazarla pero no abusa de usted físicamente, la suya

La seguridad de una reina

Las mujeres son muy veneradas en nuestra cultura y, debido a que tradicionalmente se nos ha adjudicado el papel de "reina del hogar", heredamos una confianza básica en nosotras mismas. Ciertamente el papel de la mujer se ha ampliado en las últimas décadas, y ahora tenemos la oportunidad de convertirnos en "reinas" en otros ámbitos fuera del hogar. Pero como latinas, el sentido de nosotras mismas a menudo se basa en el conocimiento de que somos consideradas sumamente fuertes y capaces, ya que la responsabilidad de dirigir a nuestras familias inspira respeto.

Aunque pueda sentir una falta de fuerza interior en la lucha de hacer frente a su relación abusiva, realizar los ejercicios de este libro y enterarse de cómo otras mujeres han superado circunstancias similares a la suya será fundamental para recuperar la seguridad en sí misma. La seguridad de una reina. ¡Yo sé que puede ser la reina de su propia vida, que puede generar fuerza, determinación, creatividad y valor, y que con la ayuda de sus comadres, puede decirle NO al abuso. Junto a las muchas voces que le apoyan en este libro, yo voy a ayudarle para que logre ese objetivo.

Ejercicio: Lo que espera lograr leyendo este libro

Ahora que le hemos presentado las 7 fortalezas de Latina Power y cómo pueden servirle para enfrentar a su relación abusiva, le invito a considerar el objetivo que le gustaría lograr con la lectura de este libro. Podrá volver a repetir las páginas anteriores para repasar cada una de las 7 fortalezas en términos de su propia vida. ¿Le gustaría fortalecer su sentido de determinación, valor y confianza en sí misma? En el curso del libro alcanzará a comprender cómo el desarrollo de estas características puede ayudarle a combatir el abuso doméstico, y aumentará a la vez su capacidad de hacer uso de sus 7 fortalezas. Pero por ahora escriba lo que espera lograr leyendo este libro y haciendo los ejercicios en cada capítulo. Puede escribir las pocas o muchas cosas que usted quiera. El espacio es suyo.

Lo que espero lograr leyendo este libro

_____
_____
_____
_____
_____
_____
_____
_____
_____
_____
_____

Cuando termine de leer este libro y de completar los ejercicios, creo que se sorprenderá de lo mucho que habrá logrado. Así que una vez que termine de leer el manual regrese a esta página. Después podrá comparar todo aquello que esperaba conseguir con lo que realmente obtuvo.

¿Está en una relación abusiva?

El hecho de que esté leyendo este libro probablemente indique que usted sabe a ciencia cierta, o sospecha, que se encuentra en una relación abusiva. Quizás supone que si su pareja le ha pegado sólo una o dos veces, o si acostumbra amenazarla pero no abusa de usted físicamente, la suya no es una relación abusiva. Ninguna de estas suposiciones es correcta. Entonces se preguntará ¿qué es exactamente una relación abusiva?.

De acuerdo con la Asociación Psicológica Americana, "la violencia familiar y el abuso se refieren a hechos relacionados con abuso físico, abuso sexual y maltrato psicológico; también a situaciones crónicas en las cuales un individuo controla o trata de controlar el comportamiento de otro, y un mal uso del poder, cuya consecuencia podría dañar o lesionar el bienestar psicológico, social, económico, sexual o físico de los miembros de la familia".[1]

El Departamento de Justicia de Estados Unidos y la Oficina de la Violencia Contra las Mujeres define la violencia doméstica de la siguiente forma:

La violencia doméstica puede definirse como: una pauta de comportamiento en cualquier relación en la que una de las partes la utiliza para conseguir o mantener el poder y control sobre el otro integrante de la pareja íntima.

La violencia doméstica puede ser física, sexual, emocional, económica, o consistir en acciones psicológicas o amenazas de acciones que afectan a otra persona. Esto incluye cualquier comportamiento que intimida, manipula, humilla, aísla, amedrenta, aterroriza, coacciona, amenaza, culpa, lastima, daña, o hiere a un individuo.

- **Abuso Físico**: Golpes, bofetadas, empujones, pellizcos, mordiscos, jalones de pelo, etc. El abuso físico también incluye la negación de atención médica a la pareja o forzarla al consumo de alcohol y/o drogas
- **Abuso Sexual**: Coaccionar o intentar coaccionar a cualquier contacto sexual o comportamiento sin consentimiento. El abuso sexual incluye, pero definitivamente no se limita, a la violación marital, ataques sexuales en partes del cuerpo, forzar una relación sexual después de un violento altercado físico, o un trato sexual despectivo.
- **Abuso Emocional**: Disminuir el sentido de valorización personal y/o autoestima. Esto puede incluir pero no limitarse a constantes críticas, menosprecio de habilidades, insultos, o perjudicar la relación con los hijos.
- **Abuso Económico**: Hacer o intentar hacer que una persona

dependa económicamente, manteniendo el control total sobre los recursos financieros, impidiéndole el acceso al dinero, o prohibiéndole que vaya a la escuela o al trabajo.
- **Abuso Psicológico:** Causar temor mediante intimidación, amenazando con hacerse daño físico contra sí mismo, o a la pareja, hijos, familiares de la pareja o amigos; También el daño a mascotas y bienes; y obligar a aislarse de la familia, amigos, o escuela y/o trabajo.[2]

El siguiente "examen de la relación" fue creado por AARDVARC, siglas en inglés del grupo de recursos y asistencia para abuso, violación y violencia doméstica. Estoy ofreciendo este examen para que tenga la oportunidad de reflexionar sobre los tipos de abuso a los cuales usted podría estar siendo objeto en su relación. Si su respuesta es "sí" a cualquiera de estos ejemplos, podría estar sufriendo una relación abusiva. Algunas de las exposiciones pueden o no referirse a su relación. Obviamente existen muchas formas de abuso, y es imposible dar ejemplos de todas. Recuerde, usted es la experta. Si siente que está viviendo una relación abusiva, probablemente lo esté.

A medida que continúe leyendo este libro, haga los diversos ejercicios, y participe en las numerosas oportunidades de reflexión. Yo creo que logrará una perspectiva mucho más clara de lo que está ocurriendo en su relación.

Examen de relación: ¿Estaré en una relación abusiva?

___ Mi pareja se burla de mí de una manera perjudicial en privado o en público

___ Mi pareja me pone nombres despectivos como "estúpida" o "puta"

___ Mi pareja siente celos de mis amistades, familia, o compañeros de trabajo

___ Mi pareja se enoja por la ropa que visto o por el estilo de mi peinado

___ Mi pareja me espía por teléfono, pasa a vigilarme con el auto, o pone a otra persona a hacerlo

___ Mi pareja insiste en saber con quién hablo por teléfono

___ Mi pareja me culpa de sus problemas o sus malos estados de ánimo
___ Mi pareja se enoja fácilmente, obligándome a estar en estado de alerta
___ Mi pareja lanza o destruye cosas cuando está enojado
___ Mi pareja golpea las paredes, maneja peligrosamente o hace cosas para asustarme
___ Mi pareja toma y usa drogas
___ Mi pareja insiste en que yo tome o use drogas cuando él lo hace
___ Mi pareja me acusa de estar interesada en otro hombre
___ Mi pareja lee mi correspondencia, revisa mis espacios y artículos personales
___ Mi pareja se interpone a que trabaje, o ya me afectó en mi trabajo
___ Mi pareja me retiene el dinero, me mantiene endeudada, o tiene "secretos de dinero"
___ Mi pareja vendió mi carro, hizo que renunciara a mi licencia, o no me permite reparar mi auto
___ Mi pareja ha amenazado con hacerme daño
___ Mi pareja ha amenazado con hacerle daño a mis hijos
___ Mi pareja en efecto les ha hecho daño a mis hijos
___ Mi pareja ha amenazado con hacerle daño a mis mascotas
___ Mi pareja efectivamente les ha hecho daño a mis mascotas
___ Mi pareja ha amenazado con hacerle daño a mis amistades o familia
___ Mi pareja ha hecho daño a una de mis amistades o familia
___ Mi pareja ha amenazado con suicidarse si lo dejo
___ Mi pareja me ha golpeado con las manos o los pies —bofetadas, puñetazos, patadas—
___ Mi pareja me ha golpeado con un objeto o amenazado con un arma
___ Mi pareja me ha hecho daños visibles —moretes, marcas, cortadas—
___ He tenido que administrarme primeros auxilios en lesiones causadas por mi pareja
___ Mis lesiones han sido lo suficientemente graves como para buscar tratamiento médico
___ Mi pareja me obliga a tener sexo cuando yo no quiero
___ Mi pareja me obliga a tener sexo en formas que yo no quiero
___ Mi pareja ha tenido problemas con la policía

___ Mi pareja se porta de una manera frente a otros, y de otra cuando estamos solos
___ Mi pareja mantiene en secreto o miente sobre sus relaciones anteriores
___ Me siento aislada y sola y no tengo a nadie con quien realmente hablar
___ He perdido amistades debido al comportamiento de mi pareja
___ He dejado de ver a algunos familiares debido a mi pareja
___ He pensado en llamar a la policía debido a un incidente de violencia
___ He tenido que llamar a la policía en una o más ocasiones
___ Temo llamar a la policía debido a las amenazas de mi pareja

Creando una vida más segura

Independientemente del nivel de abuso que actualmente exista en su relación, usted no necesita estar soportándolo. Nadie merece que alguien lo lastime o amenace. A través de los ejercicios vamos a tratar los temores y situaciones que podrían estar impidiéndole decir "no" al abuso doméstico. Yo sé que esos temores y motivos son muy reales, por eso respeto el hecho de que es muy probable que su actual situación sea muy difícil, estresante y dolorosa. También creo firmemente que al aprender y emplear sus 7 fortalezas, usted tendrá la habilidad de crear una vida mejor y más segura.

Entonces empiece a familiarizarse con su **espíritu creativo** y aprenda cómo puede ayudarse a crear una vida sin violencia.

Capítulo 2

Espíritu Creativo para forjar una vida sin violencia

*T*odo ser humano nace con un **Espíritu Creativo** y como aprendimos en *Latina Power*, el hecho de ser latino significa que hemos heredado un espíritu creativo vital, particularmente de nuestros antepasados. Ellos tuvieron que utilizar su ingenio para superar la pobreza, el racismo y otros obstáculos en el camino, así que buscaron maneras creativas para romper las barreras de la sociedad. Triunfaron utilizando su espíritu creativo para darle forma a su nueva vida por ellos mismos y usted puede seguir sus pasos.

El maltrato es un obstáculo que desmoraliza su bienestar. Por más insuperable que pueda parecer, usted puede utilizar su creatividad para terminar con esos obstáculos que la amenazan. Aunque se sienta atrapada en un círculo de violencia y sin manera de romperlo, al desatar el Espíritu Creativo—que es un poderoso primer paso—puede obtener lo que desea.

Ese Espíritu Creativo lo llevamos con nosotras para crear un tipo de vida diferente a aquella que nos está causando infelicidad. Pero si la violencia y el abuso son parte de la relación con su pareja, ¿cómo puede crear una nueva realidad cuando está tan encerrada en una vida de traumas y desesperanza? ¿Cómo cambiar algo que es tan difícil de resolver, cuando la verdad es que hay muchas cosas en la vida que simplemente no podemos cambiar?

Cuando hablamos de crear cambios en nuestras vidas, hay un hecho fundamental que siempre debemos tener en mente. No podemos cambiar a otra persona. No podemos cambiar a nuestro cónyuge o a nuestra pareja, aunque lo intentemos amorosamente, sinceramente y a corazón abierto. Aunque su pareja le pida "ayúdame a cambiar", el cambio no funciona de esa manera. La pregunta es: ¿Qué es lo que podemos cambiar?

¡Podemos cambiar nosotras mismas! Si quiere construir una nueva vida para usted, sin ningún tipo de crueldad y abuso, tendrá que dejar de centrarse en su pareja. En lugar de eso, necesita utilizar su **Espíritu Creativo** para empezar a cambiar usted misma. Esto implica renunciar a la imagen de sí misma como de alguien que no merece una existencia pacífica, y en vez de eso, poder verse bajo una nueva luz, más positiva para su vida. Esto significará crear un concepto de lo que verdaderamente quiere y cómo desea vivir.

A menudo, la mujer que ha estado en una relación con una pareja abusiva piensa que vale mucho menos de lo que en realidad vale. Quizás hasta piense que merece que la traten mal por lo que hace y dice, ya que suele enojar tanto a su esposo o novio, y por eso la agrede. Posiblemente cree que la maltrata tanto a ella como a sus hijos porque no ha cumplido adecuadamente con las expectativas. En otras palabras, la imagen de sí misma podría ser la de alguien que no se ha ganado el derecho a vivir una vida sin violencia.

Por eso, la meta en este capítulo es alentarla a crear una nueva imagen de sí misma—no en base a fantasías ni mentiras, sino en el espíritu esencial de la verdad que indica que usted es una persona digna y merecedora de amor y respeto. Y la primera persona que necesita amarla y tratarla con respeto es… usted. A estas alturas, verse como un ser humano que merece ser feliz podría parecerle casi imposible. Pero puede recurrir a su **Espíritu Creativo** que le ayudará a construir una imagen de mujer optimista, y vivir en paz. Puede cambiar la forma en que piensa de usted misma, imaginándose a una persona magnífica, que tiene derecho a sentirse tranquila y optimista.

Puede hacer todo esto, permitiendo que su **Espíritu Creativo** la guíe. Este puede iniciarse por su propio deseo de gozar una nueva forma de vida, y así desencadenar posibilidades que quizás jamás imaginó. Con la perspectiva de una mente abierta, su **Espíritu Creativo** puede lanzar pensamientos renovados y darle una nueva auto-imagen de alguien que merece liberarse de una continua amenaza de agresión. Tal vez todo esto le suene irreal, o quizás la idea de considerarse una persona merecedora es algo totalmente extraño para usted. ¿Acaso no es cierto que las latinas que vienen a este país siempre han tenido que recurrir a su creatividad para adaptarse a una cultura diferente a la que se ven inmersas? Al dejar atrás todo lo que se conoce —incluyendo amigos, familia y una vida establecida— se exponen a luchar contra lo desconocido.

Todo aquello inexplorado puede atemorizar e incomodar, pero cuando utilizamos nuestro **Espíritu Creativo** para visualizar diferentes opciones y actuar con el fin de obtener esas oportunidades, podemos mejorar enormemente nuestra vida. El hecho de estar leyendo este libro significa que le incomoda aceptar maltratos, sin importar qué tan acostumbrada esté a ellos, y que desea probar algo nuevo y desconocido. Esto significa que su espíritu creativo ya está funcionando porque está imaginando el camino hacia una nueva vida, que será más saludable y gratificante.

¿Puede recordar algún momento de su vida cuando se aventuró e hizo algo innovador, y el resultado le agradó? Hasta los riesgos creativos más sencillos pueden levantarle el ánimo y ayudarla a apreciar su capacidad para inventar, como por ejemplo cocinar un nuevo platillo o pintar su habitación de un color diferente, o probar un nuevo estilo de peinado. Cada uno de estos ejemplos se originó de su espíritu creativo, y la misma audacia para inventar está disponible para usted en cualquier momento que decida aprovecharla. Quiero animarla a que la utilice para visualizar su transformación: la de una persona valiente, que se ama a sí misma y que dejará de tolerar maltratos.

Visualizándose bajo una nueva luz

Si es usted como otras mujeres que han batallado contra relaciones abusivas, probablemente ya se acostumbró a verse a sí misma de la misma manera que la ve esa persona que la maltrata. Quizás se siente débil e ineficaz; alguien que es tan impotente que no puede prevenir los maltratos que constantemente amenazan su hogar. Tal vez se percibe como una mujer que hace todo mal, y por eso provoca la ira de su pareja. Su auto-imagen negativa podría también incluir la tristeza y la falta de entusiasmo, características que su pareja constantemente critica.

¿Qué pasa si la imagen que ha tenido de sí misma por tanto tiempo no representa quien realmente es usted? ¿Qué pasa si la mujer que fue o la persona que debiera ser es alguien totalmente diferente? ¿Qué pasa si el autorretrato negativo de usted puede ser descartado y alguien quien verdaderamente la estima le pudiera crear una nueva imagen? Tal vez una amiga o pariente que aprecia las buenas cualidades que usted sabe que posee, pero que ha echado al olvido. ¿Cómo sería este nuevo retrato? Usted puede recurrir a su **Espíritu Creativo** para forjar una auto-imagen más acertada y favorable. Empiece por completar las siguientes frases.

Creando una auto-imagen positiva

Recuerdo haberme sentido orgullosa de mi misma cuando _____
_____.

Recuerdo que me halagaban mi _____
y creía que el halago era verdad.

*Me admiro a mi misma por*_____
_____.

Mis amistades más cercanas me aprecian por mi _____
_____.

Mis hijos me quieren porque soy _____
_____.

Sé que puedo ser _____
cuando estoy tranquila y feliz.

Sé que tengo el potencial de convertirme _____
_____.

Estoy agradecida por ser una persona _____
_____.

Adoro el hecho de que soy _____
_____.

¿Reconoce usted a la persona que acaba de describir? ¿O está tentada a no creer nada positivo de usted? ¿Le fue difícil completar las frases auto-afirmativas? Para que su espíritu creativo pueda establecer una auto-imagen positiva, necesita liberarse de las percepciones degradantes de su pareja. Tal vez ha estado tan involucrada en la relación abusiva con él que ya no sabe exactamente dónde terminan sus opiniones negativas y dónde empiezan las propias. Cuando se ha estado en una relación tóxica, puede ser difícil quitarle atención a esa otra persona y enfocarla en usted misma, pero si va a usar su Espíritu Creativo, necesitará cultivar la conexión con su yo interno.

Y si ha estado enredada en una relación abusiva, la conexión con el yo interno puede estar en urgente necesidad de atención.

La creatividad es una energía que proviene de su interior. Es fuerza espiritual. Cuando tiene una relación conflictiva con otra persona, su energía se dirige hacia el exterior, y su creatividad no tiene oportunidad de florecer. Si se le hizo difícil terminar las anteriores frases afirmativas, póngase a pensar cuan atada está al sentir y a la perspectiva de su pareja. Sugiero que continúe trabajando con las frases en esta sección hasta que pueda completarlas con verdades que reflejen una descripción más acertada y favorable de quién es usted realmente.

Si se atora, sin poder crear una auto-imagen honesta y positiva de su yo interno, póngase a pensar que usted es parte integral de la maravillosa creación de la naturaleza. Los pueblos autóctonos de nuestro mundo siempre han mantenido el concepto de que existe una interconexión e interdependencia entre todo lo que existe en la naturaleza, incluidos los seres humanos. Debido a que la mayoría de los latinos tienen raíces en las culturas indígenas, gozan de una cercana relación con la naturaleza. Este vínculo con el mundo natural permite el acceso al Espíritu Creativo, ya que somos parte de su misma esencia. Usted también puede sentir esta conexión cercana con la naturaleza, que a su vez inspirará su Espíritu Creativo y le ayudará a construir una auto-imagen más positiva. Esto es lo que necesita para romper esas ataduras con su pareja abusiva.

Creatividad, naturaleza y sanación

Muchos filósofos, científicos, y pensadores religiosos están de acuerdo en que, aunque a veces nos percibimos a nosotros mismos como entidades separadas de nuestro ambiente, somos parte integral de nuestro mundo externo. Comparto la creencia común de que cada uno de nosotros está vinculado a la totalidad de la creación y a su fuente creativa. El médico y autor Deepak Chopra, quien frecuentemente escribe sobre la conexión que existe entre mente y cuerpo, afirma que "está dentro de nuestro poder experimentar la unidad con toda la creación". "Usted y su ambiente son uno", dice él. "Si usted así lo desea, puede experimentar con su propio ser un estado de unidad con todo aquello que entre en contacto".[1]

Forjar una conexión con la energía del universo al relacionarse con los elementos esenciales de la naturaleza, puede ayudarle a despertar su Espíritu Creativo y reforzar su intención de liberarse de una situación de abuso. Las antiguas civilizaciones —incluyendo las de nuestros antepasados— sabían de la energía del universo y se basaron en sus elementos por sus propiedades curativas. Al desarrollar su relación con la naturaleza —y por lo tanto con Dios (o, si lo prefiere, con un poder superior o universal de inteligencia)— su **Espíritu Creativo** se revitalizará, capacitándole para realizar cambios curativos.

Todo en la naturaleza está compuesto de cuatro elementos: Aire, Fuego, Agua, y Tierra. Podemos recurrir a las energías de los cuatro elementos para crear una atmósfera de curación y avivar nuestro **Espíritu Creativo**. Los siguientes ejercicios le ayudarán a lograrlo.

Elementos de la naturaleza: Ejercicios de sanación para nutrir su **Espíritu Creativo**

AIRE: Sin el aire, no podríamos existir. Para asegurar nuestro bienestar, necesitamos tomar suficiente oxígeno en nuestros cuerpos.

Ejercicio de incorporación de la energía del Universo a través de la respiración: Haga una respiración profunda, y deje salir ese aire exhalándolo. A medida que respira, tómese un momento para darse cuenta de que está viva y ofrezca gratitud por el don de la vida. Cuando usted inhala, incorpora oxígeno, la energía compartida por todos los habitantes de este planeta. Cuando exhala, despide dióxido de carbono, el cual es aprovechado por las plantas y utilizado para atraer la energía solar. Las plantas despiden oxígeno, el cual contribuye al ciclo de vida, dando y recibiendo para que podamos vivir.

Usted es parte integral del universo. El universo necesita que respire de la misma forma que usted necesita al universo para vivir. Existe armonía y orden implícito en el universo del cual usted forma parte. Siéntalo dentro de usted con su inhalación, y tome conciencia de que es parte de una armonía y orden mayor, pese a que sufre por el maltrato de su pareja. A medida que respira, entre en contacto con la paz que el universo le ofrece.

Practicar esta respiración cada mañana le integrará el poder de la creación en su vida, el cual le permitirá conectarse con su espíritu creativo. Cuando respira el aire, también olerá cualquiera de los elementos que le rodean. Salga donde pueda oler las flores, o traiga las flores a su hogar. Las flores y otros aromas naturales pueden influir positivamente en su estado de ánimo y provocar mejores emociones en la vida. También le traerá bellos recuerdos, momentos en que gozaba de amor y paz.

El aire envía la música de la naturaleza a través de sus ondas, ya sea que esa música provenga de las aves, las olas del mar, la lluvia, el viento, o las risas de los niños. Estos sonidos pueden recordarle sus aspiraciones y sueños. A medida que respira el aire y escucha los sonidos que le trae, esté consciente de cómo está usted nutriendo su Espíritu Creativo. Ese espíritu, que también es parte integral de la naturaleza, le ayudará a crear una vida más pacífica.

SOL/FUEGO: El fuego nos da calor y luz, los cuales son necesarios para nuestro bienestar. El Sol es la mayor fuente de energía y ofrece luz y vida a todos los planetas. Sin el Sol, no habría vida, por lo que en las culturas ancestrales se veneraba al sol como al "gran mensajero de vida".

Ejercicio de la vela danzarina: Encienda una vela y tome un momento para observar la llama. Vea la parafina fundirse y note las formas que va tomando la llama y las sombras que va creando. Fíjese cómo la llama danza alrededor de la mecha a medida que el aire fluye. Sienta el calor de la llama. Fíjese en la luz y el brillo a su alrededor. Sienta la energía que emana. Piense en el poder transformador del fuego. Apague la luz y deje que sólo la llama de la vela ilumine la habitación. Muévase alrededor y sienta las vibraciones de su llama interior. Sea uno con el ritmo y flujo del fuego y sienta la energía creativa de la vida por todo su cuerpo. Experimente este momento como un regalo del universo, una fuente de creatividad, transformación y sanación. Sienta la presencia de la luz en su corazón y pídale lo que usted desea para su vida. Permita que la luz la guíe, pero no espere una respuesta concreta. Sea receptiva a su mensaje.

LUNA: La Luna también es una fuente de energía. Sintonizar con los ciclos de la Luna nos permite estar en sintonía con nuestra fortaleza creativa. Cada mes tiene ocho etapas lunares, cada una con una duración aproximada de 3.7 días. El poder de las etapas lunares afecta profundamente muchos aspectos de la vida en el planeta, incluyendo las mareas del océano, la fertilidad y el comportamiento humano. Nuestro satélite natural claramente emana diferentes energías durante cada fase. Juntos, los ocho ciclos facilitan el proceso de la creación y la manifestación.

Ejercicio de la visualización de la luna nueva: La etapa de la Luna Nueva emite energía para crear una visión. Al momento de la Luna Nueva, salga en la noche o acérquese a una ventana desde donde pueda ver la luna. Mientras observa la Luna Nueva, piense profundamente sobre la vida sin violencia que desea para usted. Visualícese viviendo esa vida, y escriba en el espacio de abajo lo que visualiza. Permítase encontrar inspiración en la siempre cambiante Luna durante sus etapas más tempranas de transformación. Teniendo fe en sus habilidades creativas, prométase a sí misma que emprenderá el camino hacia la eliminación del maltrato en su vida.

AGUA: No solamente nuestro cuerpo consiste en un sesenta a setenta por ciento de agua, también estamos rodeados de ella (en las nubes, océanos, lagos y ríos). La bebemos, nos bañamos y nadamos en ella, y utilizamos sus océanos y las corrientes para navegar el planeta. El Agua es fuente crucial de energía, permitiendo el crecimiento de las plantas. Una metáfora para el flujo de nuestras emociones: El Agua también es nuestro hábitat; antes de nacer, nadamos en un líquido acuoso en el vientre de nuestra madre.

Ejercicio del baño nutriente: Llene su bañera con agua tibia y aceite o sales minerales con fragancias tales como: Rosa, Jazmín o Lavanda. Sumérjase en el agua y sienta su energía y movimiento ondulante. Relájese en las aguas de su baño como si fuese un bebé que se acurruca en una amorosa y suave experiencia. Siéntase querida y protegida, cuidada y nutrida. Sienta su respiración y el movimiento de su cuerpo como un recordatorio del amor que le infunde la vida. Es el momento de cuidar de sí misma ahora, y el agua le recuerda que todo se puede limpiar y purificar, incluyendo su alma.

Permita que el agua lave sus miedos y resignación. Deje que lave cualquier abuso físico, palabras crueles, resentimientos, y falta de armonía. Deje que el Agua le sane para sentirse refrescada y renovada, y más en sintonía con su natural Espíritu Creativo.

Cuando salga del baño, tome un vaso de agua y beba la fórmula limpiadora del bienestar y confort, del perdón y la paz, sabiendo que la habilidad de sentirse bien está dentro de su poder para crear, debido a que la naturaleza le proveyó este poder. Sepa que tiene la habilidad de lavarse la angustia y reponerla con el amor a sí misma. A medida que limpia su mente de esta manera, estará preparándose para la vida que merece.

TIERRA: El elemento tierra representa al planeta mismo, con frecuencia nos referimos a ella como "Madre Tierra". La Tierra es una metáfora de permanencia, estabilidad, y seguridad. Abarca el suelo que nutre todos los seres vivientes que habitan el planeta.

En la mitología Inca, Mama Pacha o Pachamama, era la diosa y patrona de la fertilidad quien presidía sobre la siembra y la cosecha, y era vista como "una buena madre". Pachamama usualmente se traduce como "Madre Tierra" (del Aymará = mama / pacha = tierra). A Pachamama y su esposo — el dios del Sol, Inti— se les percibe como los dioses más benévolos.

Ejercicio de La Madre Tierra: Le invito a volver a sentirse niña. Vaya a la playa o a un bosque, a un campo o a un jardín, y sienta la tierra bajo sus pies. Sea juguetona. Permita que sus sentidos sintonicen con el suelo. Sienta la textura de la arena, el césped o el suelo. Respire los olores de la tierra y goce de los colores que para usted despliega la naturaleza. Túmbese en el suelo y sienta fluir la energía de la Tierra por su cuerpo. Permita que le alimente y sane sus heridas. Sienta la conexión entre usted como uno de los seres vivientes de la Tierra, y la Tierra misma. Deje que la Madre Tierra reemplace su dolor con amor.

La Madre Tierra es proveedora, y ella le provee a usted de esa seguridad que le hace sentirse confiada cada vez que se pone de pie y camina sobre ella. Cuando se siente conectada con la Tierra, apreciará que está caminando en una base de energía creativa y amor. Exprese gratitud por la bondad de la Tierra, ya que le provee alimento y esenciales para la vida. Sea consciente de cada oportunidad que se le da como ser humano. Agradezca todo lo que está atravesando como una oportunidad de crecer y aprender.

Ejercicio de visualización:
Creando una imagen de la vida que usted merece

➤ Encuentre un sitio cómodo y tranquilo donde nadie le perturbe. Siéntese o acuéstese cómodamente, y cierre los ojos. Visualícese caminando a lo largo de una playa aislada rodeada de montañas y vegetación. El mar está calmado, una marea tranquila produce música que le arrulla. Expóngase al sol y sienta la calidez de sus acariciadores rayos. Mientras está sentada en la arena, le darán ganas de acostarse. Por eso, reclínese y empiece a cubrirse con arena como lo hacía cuando era pequeña. El sol y la arena le harán sentirse cobijada y protegida, y que usted también es parte de la naturaleza. Sentirá la divinidad de la naturaleza, lo increíblemente variada y creativa que es, y cómo todo a su alrededor es parte de ella.

➤ Escuchará la vibración de las plantas bajo el mar a su propio ritmo, sentirá al Sol prestándole su calidez, y sentirá la caricia de la arena en su cuello, hombros, pecho, brazos, manos, piernas y pies. ¡Qué confortable es estar al abrigo sanador de los elementos de la naturaleza! Si llegara a surgir un pensamiento negativo, arrójelo en la arena. Toda su energía negativa se la llevará la arena, la cual le brinda cuidado maternal en su momento de mayor necesidad. Al respirar, cada aliento la sumergirá más y más profundamente en los brazos de Natura. Estará inhalando las fuerzas sanadoras de la naturaleza y soltando toda la negatividad. Al estar con la naturaleza comprenderá la importancia que tiene sentir su energía dentro del cuerpo y espíritu; esto crea un poder de sanación. Ahora empezará a entender su propio potencial creativo, y podrá crear cambios positivos en su vida.

➤ La creatividad es parte de quién es usted. Si tiene fe en la esencia espiritual de la creación, también llegará a tener fe en sí misma—porque usted es una parte esencial de la naturaleza. De esta forma podrá aprovechar su propio **Espíritu Creativo** y establecer la vida que añora y merece. Sabiendo esto, se sentirá fuerte y segura. Comprenderá que nadie puede decirle que no es digna, porque usted (como el resto en el mundo) merece los regalos de vida y amor. Se dará cuenta que desde el momento en que nació —aunque las circunstancias de su familia hayan sido dolorosas y desdichadas— usted ha sido digna de las oportunidades y felicidad que la vida ofrece.

➤ Pregúntese: "¿Qué cualidad específica de la vida deseo? ¿Por qué quiero esto? ¿Traerá seguridad, paz, armonía, bienestar, dignidad y estabilidad emocional a mi vida? Eso que deseo, ¿mejorará la calidad de mi vida y la de mis hijos?" Una vez que identifique su deseo esencial, haga su mayor esfuerzo por imaginarse obteniendo la meta deseada. Imagine cómo se sentirá al tener lo que desea. Imagínese a sí misma teniendo una nueva vida, la que visualizó para usted misma.

➤ Permanezca en ese momento el tiempo que desee. Una vez que se sienta lista, regrese a su posición de relajamiento en la arena y dé gracias a la naturaleza por el privilegio de este momento especial para sanarse y visualizar una vida mejor. Comprométase con la Madre Naturaleza a que se honrará a sí misma y buscará la vida que merece gozar. Cuando esté lista, póngase de pie, retírese de este bello sitio, y regrese a su vida cotidiana sabiendo que siempre podrá regresar a esta plácida y reconfortante playa para fortalecerse y alentarse.

Ejercicio de *mis sueños más descabellados*: su "Loca" interior visualiza una nueva vida.

Probablemente ha escuchado la expresión "en mis sueños más descabellados" para describir algo maravilloso que le sucede inesperadamente. ¿Qué tal si pudiera crear una vida maravillosa sintonizando su **loca interior** —su "Yo Salvaje" interno, que no teme remodelar su vida de acuerdo a sus propios gustos y deseos? A mi amiga, Nancy Marmolejo (una galardonada consultora de empresas, experta por su creatividad), se le ocurrió el concepto de la "loca interior". Nancy es una mujer increíble, y no está loca ni es destructiva, sino que ella representa un espíritu libre, tanto así como las flores silvestres reflejan la belleza esencial de la naturaleza. Si se puede permitir que su **loca interior** manifieste la ilimitada creatividad con la que todos nacemos, usted podrá utilizar su Espíritu Creativo para visualizar lo que quiere de la vida.

Creando mi pizarra de Sueños Descabellados

1. Reúna una cartulina (la que se convertirá en "La pizarra de *"mis sueños más descabellados"*), unos lápices y plumones de colores, varias revistas, fotos de sus seres queridos, y goma de pegar o cinta adhesiva.
2. Mientras escucha a su **loca interior**—su voz auténtica y espontánea— permítase visualizar su vida como la desea.
3. Utilizando los lápices de colores o los plumones, escriba las palabras o frases que más le gusten, o dibuje imágenes que representen sus esperanzas y deseos.

4. Recorte imágenes de las revistas que simbolizan la manera en que usted quiere vivir, y cómo se quiere sentir.
5. Pegue en *la pizarra de los Sueños Descabellados* fotos de la gente que usted quiere en su vida.
6. Piense y escoja libremente. No se autocensure.

Para hacer este ejercicio, no se trata de que sea artista o escritora, sino de permitir que su **loca interior** exprese sus intenciones y deseos. Diviértase, siéntase dichosa y libre. Por mucho tiempo, su habilidad de ser dichosa y libre se ha frustrado por la amenaza de maltratos. Ahora es libre de expresar lo que tanto había anhelado su Loca Interior. ¡Permita que salga su Espíritu Libre y exprese sus sueños más descabellados!

Bailando sola

La terapia de la danza es el uso terapéutico del movimiento para mejorar el bienestar mental y físico. Promueve la salud y la sanación aprovechando la conexión que existe entre el cuerpo y la mente. Informes clínicos sugieren que la terapia de la danza ayuda a desarrollar la imagen del cuerpo, a mejorar el auto-concepto y autoestima, reducir el estrés, la ansiedad y depresión, disminuye el aislamiento, dolencias crónicas y la tensión del cuerpo, y amplía las habilidades de comunicación y sentimientos de bienestar.[2]

Cuando bailamos nos conectamos con nuestros propios cuerpos. Es el momento en el que nos permitimos sentir nuestro espacio interior y nuestras emociones se manifiestan por medio del movimiento. Creo firmemente que nos sentimos liberadas cuando bailamos. Una participante en un taller me dijo que ella sentía ángeles bailando con ella cuando se permitía danzar sola. Para las mujeres que viven una situación de abuso físico o emocional, el baile resulta terapéutico debido a que les permite expresar sus emociones a través de las vueltas y giros, inclinaciones y meneos, saltos y vaivén de su cuerpo. Y como lo dijo una de las participantes del taller: "Cuando bailo sola, siento que mi cuerpo me pertenece".

Las latinas traemos la música en la sangre, y no podemos evitar el movimiento rítmico. Así que es muy importante bailar.

Las mujeres que han quedado aturdidas por el temor y la intimidación del abuso doméstico, una vez más pueden sentir las vibraciones de la vida a través de la actividad del baile. Ya sea que su vida haya estado llena de tristeza y dolor, indignación y frustración, temor e inseguridad, pueden expresar esos sentimientos por medio del baile. ¡Usted puede transformar esos sentimientos oscuros en movimientos que expresen deseo de felicidad, expansión, liberación y libertad!

¿Por qué no tratar de dedicar al menos cinco minutos de su día a bailar sola? Podría interesarle tocar algo de música que le inspire a comprenderse a sí misma, y a visualizar la vida que quiere llevar. Por ejemplo, "I Will Survive!" (¡Sobreviviré!) de Gloria Gaynor o "Survivor" (Sobreviviente) de Destiny's Child. Tómese unos minutos para escribir algunos títulos de discos compactos, cantantes, o temas musicales que le agradan para bailar:

Temas musicales que me inspiran a bailar

1. _____

2. _____

3. _____

4. _____

5. _____

Ahora, planee un momento para practicar los movimientos inspirados en el ritmo de la música, para cuando esté sola y nadie la vaya a juzgar o criticar. Cuando llegue este momento, quítese los zapatos, ponga la música, y muévase con todo el deleite de su alma.

Encontrando su voz

No es raro que las mujeres que han pasado por malos tratos sientan que les han robado su voz. Han tenido que andar con tanto cuidado para no expresar lo que podría detonar un arranque de ira en su pareja, que con frecuencia terminan censurándose, a tal grado de llegar prácticamente al... Silencio Total.

Ahora que está en camino rumbo a una nueva vida libre de malos tratos, quiero animarla a que libere su voz. Dele rienda suelta a los gemidos, chillidos, cantos, gritos, risas o rezos en voz alta. Vuelva a descubrir la voz que podría haber estado ocultando por los maltratos. ¡Permítase a sí misma escuchar su propia voz!

Pese a que los siguientes ejercicios le podrían parecer incómodos al principio, es una forma sencilla de reconectarse con su voz y los sentimientos que pudieran haberla sofocado por tanto tiempo. Procure hacer este ejercicio por lo menos una o dos veces por semana, ¡y verá lo liberada que se sentirá!

¡Deje oír su voz!

1. Escoja un sitio donde nadie pueda escucharla ya sea en su casa, carro, o en algún lugar fuera de su hábitat.
2. Vaya a ese sitio y permítase cantar, gritar, tararear, gemir, llorar, reír o rezar en voz alta. Siéntase con la libertad de dejar que su voz se exprese en cualquier estilo y al volumen que le plazca. No se detenga. ¡Deje oír su voz!
3. Reconozca que, cualesquiera que sean los sonidos que emanan de su interior, estos son reales, representan sus sentimientos y libertad para expresarlos.

Cantar es una manera especialmente evocativa de expresarse. Aunque no pueda llevar una melodía, al cantar podrá descubrir ese lado espiritual que quizás haya sofocado. Aunque sus canciones no tengan palabras, cuando cante se volverá a conectar con usted misma de manera casi primitiva. Si escoge canciones que le traigan ciertos recuerdos, puede explorar sus sentimientos mediante esa voz musical que es única. Dado que la acción de cantar emana de su cuerpo y proyecta sus emociones, usted podrá decirse a sí misma de la forma más poderosa: "¡Aquí estoy! ¡Existo! ¡Puedo hacer música! ¡Puedo hacer ruido! ¡Tengo voz!"

¿Dónde puede cantar? ¡En cualquier lugar! En el auto rumbo a su trabajo, en la tina del baño, en el fregadero mientras lava los platos o en la sala mientras la arregla. Nuevamente, lo importante es sentirse libre y expresiva. Escoja el momento en que esté sola para no preocuparse de que alguien vaya a reaccionar a su canto. ¡Esta oportunidad de expresarse es únicamente para usted!

Escoja canciones que la hagan sentirse positiva y poderosa. El ritmo podría ser motivador y potente —o posiblemente son las letras de las canciones las que le inspiran más. ¡Lo más importante es que los temas que escoja la motiven a cantarlos!

A manera de animarla a cantar con todo el corazón, aquí tiene un diario en el que podrá anotar regularmente (tomando en cuenta cómo se sentía antes de cantar), cuál canción escogió y cómo se sintió después:

Cantando con todo el corazón

Lunes
Cómo me sentía antes de cantar:

_____

_____

El tema que canté:

_____

Cómo me sentí después de cantar:

_____

_____

Martes
Cómo me sentía antes de cantar:
_____
_____

El tema que canté:
_____

Cómo me sentí después de cantar:
_____
_____

Miércoles
Cómo me sentía antes de cantar:
_____
_____

El tema que canté:
_____

Cómo me sentí después de cantar:
_____
_____

Jueves
Cómo me sentía antes de cantar:
_____
_____

El tema que canté:

_____

Cómo me sentí después de cantar:

_____

_____

Viernes
Cómo me sentía antes de cantar:

_____

_____

El tema que canté:

_____

Cómo me sentí después de cantar:

_____

_____

Sábado
Cómo me sentía antes de cantar:

_____

_____

El tema que canté:

_____

Cómo me sentí después de cantar:

_____

_____

Domingo
Cómo me sentía antes de cantar:

_____

_____

El tema que canté:

_____

Cómo me sentí después de cantar:

_____

_____

Después de recopilar la información de este ejercicio, se dará cuenta de que algunos temas le dan esperanza y aliento. Esas canciones pueden convertirse en sus mejores amigas en el sentido que puede recurrir a ellas a cualquier hora; es decir, las puede *cantar* en cualquier momento. Si no puede cantar en voz alta, cante en silencio para usted misma. ¡La canción estará en su cabeza y se sentirá inspirada cuando la escuche!

Capítulo 3

Determinación de la Aguantadora para reconocer la diferencia entre un comportamiento aceptable y uno abusivo

𝒜hora que ha explorado su espíritu creativo y visualizado una vida sin maltratos, está preparada para empezar a hacer realidad esa visión. En este capítulo contará con apoyo adicional de la segunda fortaleza de *Latina Power:* la determinación de *aguantadora.* Parte de la crianza en nuestra cultura es la habilidad de mantenernos dedicadas a una meta aun frente a la adversidad. Somos sobrevivientes: nuestros padres, abuelos y bisabuelos pudieron sobrevivir dificultades políticas, económicas, opresión, desarraigo o discriminación. Y no sobrevivieron meramente, sino que se concentraron en sus aspiraciones y… perseveraron.

Las latinas no se dan por vencidas fácilmente, y muchas heredan la tenacidad de sus antepasados. Por ejemplo, en los códices aztecas se habla de la tenacidad de aguantar las dificultades de la vida. Los códices son una descripción metódica de los ideales y valores escritos desde la perspectiva de la nobleza azteca, y ellos describen las virtudes más valoradas que los padres debían inculcarle a sus hijas. Así como fue hace siglos, la actitud de una *aguantadora* es crucial para sobrevivir el dolor y la presión que enfrentamos.

Desafortunadamente, muchas de nosotras hemos aprendido de parientes que la frase "aguántate, mujer" significa que la mujer debe tolerar cualquier comportamiento que manifieste su pareja, aunque sea dañino para ella y sus hijos. En las culturas latinas, así como en muchas otras culturas, los hombres suelen percibirse como poseedores de un derecho natural a dominar a sus esposas. Mientras que la relación ideal entre un hombre y una mujer en las culturas indígenas de Latinoamérica fue la de respeto mutuo y equilibrio de poder, los hombres latinos suelen estar influenciados negativamente por siglos de machismo que inician con la llegada de los conquistadores españoles, quienes subyugaron a la población indígena. Aunque a menudo los hombres latinos se sienten con derecho a controlar a sus esposas (quizás por el sentido de autoridad heredado de los conquistadores), yo creo que la noción de equilibrio entre los sexos que tenían los aztecas está más acorde con nuestra forma de vida contemporánea hacia la igualdad. También creo que como latinas podemos ampliar el concepto de los aztecas de la *tenacidad* para añadir la determinación de la *aguantadora*, y así superar los obstáculos que nos privan de una vida de respeto a nosotras mismas, sin violencia. Podemos llegar a estar firmemente decididas a no permitir que nos conviertan en víctimas de abuso doméstico, como tampoco a nuestros hijos.

Como mujeres del siglo veintiuno, también hemos heredado luchas y triunfos del movimiento feminista. Hoy, las mujeres tienen derecho a una vida que sólo era un sueño hace una o dos generaciones. No sólo tenemos acceso a la misma educación y empleos que los hombres, sino también a responder por nosotras mismas y exigir igualdad de oportunidades, algo por lo cual generaciones anteriores de mujeres tuvieron que luchar a brazo partido. Las que han defendido los derechos de la mujer por más de una década, hicieron posible que cada una de nosotras pudiera votar, tener una carrera si así lo desea, tomar decisiones propias sobre la reproducción, y participar de lleno en todo lo que ofrece nuestra sociedad. Como mujeres en una sociedad que finalmente ha reconocido la injusticia del abuso doméstico, tenemos el derecho a decir NO cuando se nos impone en nuestros hogares.

Pero decir "NO", no es tan sencillo. Muchas sobrevivientes de la violencia doméstica me han dicho que uno de los obstáculos más difíciles para abandonar una relación de maltratos es la confusión sobre lo que constituye un comportamiento abusivo. Dicen que a pesar de que debería ser sencillo saber cuándo uno es objeto de maltratos… a veces no es tan fácil darse cuenta. La mayoría de la gente entiende que los golpes son muestras de violencia. Pero, ¿y qué del amor entre usted y tu pareja? ¿La historia que comparten? ¿Y las promesas que él hace de cambiar su comportamiento? ¿Cómo puede una mujer evaluar esos factores que prometen modificar o cancelar los episodios de violencia?

Su determinación de aguantadora puede ayudarle. Reconocer que es injustificable el trato amenazante o violento que le da su pareja no es sencillo. Él podría darle motivos para justificar su comportamiento, y a veces pareciera tener sentido. Aquí es donde necesita recurrir a su capacidad de *aguantadora* para trazar la raya entre lo que es el comportamiento aceptable de su pareja y el abusivo.

Su madre interna frente *a su niña interior:* un ejercicio de conversación abierta

Las relaciones generalmente no empiezan con abuso o agresión. Al principio, hay palabras bondadosas, momentos románticos, y las chispas de amor pueden eliminar cualquier duda que pudiera tener con respecto a la relación con su pareja. La etapa romántica se basa no solamente en el poder de la atracción física, sino también en el hecho de que en las etapas iniciales de la relación, cada persona revela solamente su mejor comportamiento. Además, debido a que la mayoría de las mujeres desean una conexión cercana con su compañero, lo ven solo bajo la luz más favorable y entonces tienden a ignorar señales de problemas que puedan surgir. Tal vez, al principio de la relación su novio o esposo tiene un repentino e inexplicable arrebato de enojo que usted no alcanza a comprender, o dice algo amenazante entre los dientes y usted hace como que no lo escuchó. Todos queremos amar y ser amados, así que es comprensible que queramos pasar por alto las faltas iniciales de la pareja. O tal vez en las etapas tempranas de un matrimonio, algunas mujeres prefieran ignorar el inquietante comportamiento de su esposo, sólo por el deseo de conservar la paz y por consiguiente mantener unida a la familia.

Muchas mujeres me han dicho "jamás hubiera creído que él pudiera ser de esta manera, porque cuando empezamos a salir era un caballero tan agradable, tan dulce y atento". ¿Hubo "señales de alerta" a las que las mujeres no les prestaron atención en el momento porque estaban tan enamoradas? ¿O será que sus novios disfrazaron su comportamiento normal para evitar que jamás saltaran esas "señales de alerta"? Cualquiera que sea el caso, hay un momento en el cual la mujer sabe —aunque no quiera creerlo— que su pareja ha cruzado la raya y que ella ya está en una relación abusiva. Su determinación de *aguantadora* puede ayudarle a aceptar la verdad y reconocer que esa raya ya ha sido cruzada.

¿Está lista para emplear su condición de aguantadora para ser más honesta con usted misma? Para poder ayudarla a aclarar dónde debe trazarse la raya entre el comportamiento aceptable y el abusivo, le animo a que sostenga una conversación con usted misma. En realidad la conversación será más como una discusión entre la parte de usted que sabe que la forma en que la trata su pareja es injustificable, y la parte de usted que lo disculpa. Calificaremos estas dos partes como *su madre interna* y *su niña interior*. *Su madre interna* es la que la nutre, la mujer madura que sabe instintivamente qué es lo mejor para usted. *Su niña interior*, por otro lado, todavía no sabe lo que le conviene y por ende no defiende sus mejores intereses. Con frecuencia se aferra a la noción de que es la única responsable del abuso no él.

La conversación entre ambas partes podría transcurrir más o menos así:

Muestra de la conversación entre su niña interior y su madre interna

Su madre interna: Ya no tienes que aguantarle malos tratos. No tiene ningún derecho a tratarte de esta manera.

Su niña interior: En parte es mi culpa. Debí estar de acuerdo con lo que él quería y haber sido más amorosa.

Su madre interna: Pero te obligó a tener relaciones sexuales cuando le dijiste que no querías. Te hizo sentir violada, y te lastimó físicamente.

Su niña interior: Soy su esposa, y me dice que es mi deber tener relaciones sexuales con él. Las relaciones sexuales lo hacen sentir mejor, particularmente cuando está bajo tanta presión en el trabajo.

Su madre interna: ¿Y tú qué? ¡Tus sentimientos también cuentan!

Su niña interior: Yo puedo manejar sus estados de ánimo si solamente hago un mayor esfuerzo.

Su madre interna: Sus estados de ánimo no son excusa para que te falte al respeto y te lastime. No hay excusa para su comportamiento violento

Al igual que ocurre cuando una madre le dice a su hija que algo no es bueno para ella —aunque la criatura quizás lo desee mucho—, depende ahora de usted convertirse en su propia voz maternal y decirse a sí misma lo que más le conviene. A *su niña interior* tal vez no le agrade escuchar esa voz maternal, porque quiere complacer a su pareja con la esperanza de que eso produzca paz. Pero tal y como comprendemos con frecuencia (que nuestros padres tenían razón cuando evitaron que tomáramos una decisión equivocada), *su madre interna* sabe cuál es el camino correcto que usted debe tomar ahora. Ella sabe que tener determinación para trazar la raya entre el comportamiento aceptable y el abusivo, a la larga le servirá.

Su meta ahora es decir lo que piensa. Demuestre por usted la misma comprensión y simpatía que le manifiesta regularmente a su pareja.

¿Está lista para sostener una conversación entre *su madre interna* y *su niña interior*? Si encuentra que *su madre interna* habla en una voz casi inaudible y que es mucho más fácil escuchar la voz de *su niña interior*, piense sobre la definición de la *aguantadora*. Ella es una mujer fuerte, determinada a triunfar y hablar la verdad. Ella ha enfrentado numerosos obstáculos en su vida, pero estos sólo la hicieron más fuerte y más comprometida a lograr sus metas. En la siguiente conversación, permita que *su madre interna* sea la *aguantadora*, ¡y dígase a usted misma lo que es mejor para usted!

Conversación entre mi niña interior
y mi madre interna

Mi madre interna: _____
_____
_____

Mi niña interior: _____
_____
_____

Mi madre interna: _____
_____
_____

Mi niña interior: _____
_____
_____

Mi madre interna: _____
_____
_____

Mi niña interior: _____
_____
_____

Mi madre interna: _____
_____
_____

Cuando la raya se borra

Tal vez usted todavía se identifica más con la voz de su niña interior que con la voz de su madre interna o la de la *aguantadora*, la cual está completamente decidida a reconocer el comportamiento abusivo de su pareja. Para poder aclarar aún más la raya entre los hechos aceptables y abusivos, retomemos la definición de abuso doméstico establecida por el Departamento de Justicia de Estados Unidos, Oficina de Violencia en Contra de las Mujeres, a la que nos hemos referido en el Capítulo Uno:

> Hechos físicos, sexuales, emocionales, psicológicos o amenazas de hechos que influyen en otra persona. Esto abarca cualquier comportamiento de intimidación, manipulación, humillación, aislamiento, amedrentación, fustigación, coacción, amenaza, culpar, lastimar, lesiona, o herir a alguien.[1]

¿Se encuentra el comportamiento de su pareja dentro de esta amplia definición? ¿Aún se siente tentada a hacer una excepción en el caso de él? ¿Qué es lo que podría estar impidiéndole trazar la raya?

Quiero que anote todo lo que pasa entre usted y su pareja... que hace que se le borre la raya. Por ejemplo, tal vez su pareja se pone violentamente celoso cuando sale a cenar con sus amigas, la acusa de coquetear con los hombres, y cuando niega las acusaciones, le grita que es una puta y la bofetea. La mañana siguiente, pide disculpas, diciendo algo parecido a "no sé que me pasó, es que te quiero tanto que me da miedo pensar que pudieras estar con otra persona. ¿Podrás llegar a perdonarme?" Si a las amenazas, insultos y bofetadas le sigue una disculpa sincera y tierna, ¿en qué lado de la raya se encuentra el comportamiento de su pareja? ¿Es difícil para usted categorizar esto de "abusivo"? ¿Se borra la raya cuando, después de sus arranques violentos, su pareja esta triste, tierno o con remordimiento?

Anote varios escenarios en los que el comportamiento de su pareja borra la raya entre lo aceptable y lo abusivo. Explique por qué su comportamiento le hace sentirse confundida y ambivalente.

Cuando no estoy segura de que el comportamiento de mi pareja es aceptable o abusivo

Escenario #1: _____

_____
_____
_____
_____
_____
_____
_____
_____

Escenario #2: _____

_____
_____
_____
_____
_____
_____
_____
_____

Escenario #3: _____

_____

_____
_____
_____
_____
_____
_____
_____

Ahora divida los elementos de cada escenario en tres secciones y márquelos: "Comportamiento aceptable de mi pareja", "Comportamiento abusivo de mi pareja" y "Comportamiento de mi pareja del cual no estoy segura si es aceptable o abusivo".

Le proporciono ejemplos para que inicie esta labor.

El comportamiento aceptable de mi pareja

Ejemplo: Se pone celoso cuando hablo con otro hombre en una fiesta, y me lo dice sin acusarme de estar haciendo algo malo.

_____
_____
_____
_____
_____
_____
_____

El comportamiento abusivo de mi pareja

Ejemplo: Se pone celoso cuando hablo con otro hombre en una fiesta y me cachetea.

_____
_____
_____
_____
_____
_____
_____

Comportamiento de mi pareja del cual no estoy segura si es aceptable o abusivo

Ejemplo: Me acusa de estar coqueteando con otros hombres o me insulta y me dice que actúa así porque me ama mucho.

_____
_____
_____
_____
_____
_____
_____

Ahora, resuma sus sentimientos explicando por qué se siente confundida sobre el comportamiento de su pareja.

Por qué me siento confundida

Ejemplo: Sé que me ama, por eso se pone celoso. Claro que cachetearme no es una manera de demostrarme amor. Pero cuando se disculpa, realmente parece estar arrepentido y puedo asegurar que realmente lo está.

_____

_____

_____

_____

_____

_____

_____

_____

Si usted es como muchas mujeres que han sobrevivido el abuso doméstico, es probable que haya puesto en la lista de lo "aceptable" el comportamiento que para otros no lo sería. Tal vez sus amistades le han criticado por aguantar semejante comportamiento. Pero quizás usted piensa que ellos no comprenden que existen explicaciones razonables por las cuales usted lo aguanta... incluyendo:

- temor de confrontar a su pareja
- temor de que le haga daño a usted o aún más a sus hijos
- preocupaciones financieras al estar sola
- creencia de que al ser más comprensiva o amorosa lo cambiará
- creencia de que el abuso conyugal es un comportamiento normal en los hombres
- fe en el amor esencial que usted cree es la base de su relación

Tome un momento ahora para anotar sus explicaciones en cuanto a por qué colocó ciertos comportamientos en la columna de "Aceptable". Le doy varios ejemplos para que lo inicie.

El comportamiento de mi pareja	es aceptable porque . . .
Me insulta	estuve fuera con mis amigas hasta tarde; él estaba frustrado porque sintió que no lo amaba
_____	_____
_____	_____
_____	_____
_____	_____
_____	_____

Ahora escriba por qué incluyó ciertos comportamientos en la lista de "Abusivo". Sus explicaciones pueden ayudarla a entender dónde se traza la raya. Le ofrezco ejemplos para que empiece.

El comportamiento de mi pareja	Por qué pienso que es inaceptable
Me golpea	El abuso físico jamás es aceptable
_____	_____
_____	_____
_____	_____
_____	_____
_____	_____

Ahora anote los comportamientos de su pareja de los cuales no está segura si son aceptables o abusivos. Y en la segunda columna explique por qué estaba insegura. Nuevamente, le doy ejemplos.

El comportamiento de mi pareja	No estoy segura de que sea aceptable o abusivo, por los siguientes motivos
Amenazó con golpearme	Yo lo hice enojar. Realmente no me golpeó.
Me tiró contra la pared	Perdí los estribos y lo insulté

¿Qué tal si la víctima fuera su hija, su hermana o su mamá?

Es interesante y triste que con frecuencia las mujeres están más preocupadas por la seguridad y bienestar de sus seres queridos que por su propio bienestar. ¿Se alarmaría si su hija tuviera que soportar lo que está pasando ahora en su relación? ¿Si la pareja de su hermana la estuviera tratando de la forma en que su pareja la trata a usted, consideraría ese comportamiento aceptable? ¿Qué tal si su mamá estuviera sufriendo debido a la violencia doméstica? ¿Cómo justificaría los hechos violentos y amenazadores si fueran dirigidos a sus seres queridos? ¿Tiene expectativas más elevadas para su hija, hermana, madre o su mejor amiga, que para usted misma?

Para poder lograr un entendimiento más profundo de sus sentimientos, utilice las oraciones que anotó bajo las columnas anteriores de "aceptable" e "insegura", y pregúntese a sí misma si aún encuentra aceptable ese comportamiento, o si todavía no está segura, si tales acciones fueran dirigidas a su madre, hermana, hija, o su mejor amiga. Por ejemplo:

- Si alguien llamara puta a mi madre, hermana, hija o a mi mejor amiga, yo le diría a ella que _____
  _____
  _____.

- Si alguien amenazara con hacerle daño a mi madre, hermana, hija, o a mi mejor amiga, yo le diría a ella que _____
  _____
  _____.

- Si alguien avienta a mi madre, hermana, hija, o a mi mejor amiga contra la pared—de la forma en que mi pareja me aventó a mí—yo le diría a ella que _____
  _____
  _____   _____.

Ahora imagine que usted es su mejor amiga o su propia hermana, o su madre. ¿Qué consejo se daría a usted misma sobre dónde trazar la raya? Asegúrese de incluir los motivos por los cuales usted cree que el comportamiento de su pareja es abusivo.

- Si mi pareja me llamara puta, yo me diría a mí misma que
  _____
  _____.

- Si mi pareja amenazara con hacerme daño, me diría a mí misma que _____
  _____.

- Si mi pareja me lanzara contra la pared, yo me respondería que
  _____
  _____.

Ahora quiero que analice por qué podría estar fijando los criterios para usted misma tan por debajo del nivel de seguridad y bienestar que aceptaría para las mujeres que ama. Complete las siguientes frases:

- Acepto para mí misma un comportamiento más abusivo de lo que mis seres queridos puedan tolerar, debido a

  _____
  _____
  _____.

- Creo aceptar un comportamiento abusivo de mi pareja porque mi familia me enseñó que

  _____
  _____
  _____.

- A veces siento que merezco más que otras mujeres que haya maltratos en mi vida, porque

  _____
  _____
  _____.

Ahora que está consciente de que no se está tratando con el mismo amor y respeto con el que trata a sus seres queridos, hágase esta pregunta: **¿Acaso no merezco el mismo trato amoroso que deseo para mis seres queridos?** Las personas que la quieren desean que reciba ese trato amoroso. Pues bien, ¡ahora es el momento de que se dé ese mismo trato tierno y amoroso que procura para los demás!

Comportamiento que siempre es inaceptable

Aprendemos de nuestras madres y abuelas que tenemos la responsabilidad de conservar nuestro matrimonio. A veces hasta se nos dice "¡te casaste, ahora te aguantas!", como diciendo que es culpa nuestra el hecho de habernos casado con alguien que no nos trata bien. Pero, ¿quiere decir esto que debemos tolerar comportamientos que son claramente inaceptables?; ¿que debemos aguantar el mal trato que no desearíamos para nuestra amiga más querida? Para poder aclarar su determinación de trazar la raya y rechazar maltratos, aquí tiene una lista de conductas que jamás deben aceptarse en ninguna relación:

- Cualquier forma de abuso físico incluyendo golpes, empujones, bofetadas
- Obligarla a tener relaciones sexuales cuando usted no quiere
- Amenazarla con violencia
- Constantemente ser menospreciada o insultada con la intención de hacerla sentir inferior
- Controlar su comportamiento, dictándole con quién puede socializar, qué es lo que puede vestir; qué puede y no puede hacer en casa y en el trabajo.

Eduque sus sentimientos

A estas alturas usted podría estar pensando que los consejos que hasta ahora le he estado dando, tienen sentido lógico, pero que sus sentimientos le dicen otra cosa —y que no hay nada que pueda hacer para cambiar esos sentimientos—. Tal vez sabe que la forma en que la trata su pareja puede ser tildada de "abusiva", pero debido a que lo ama o le daría mucha pena o mortificación dejarlo (aunque sea temporalmente), no se anima a "trazar la raya". Si éste es el caso, quiero que considere esta idea que quizás no le resulte familiar: usted puede "educar" sus sentimientos.

Cuando sus sentimientos le dicen "¡pero es que yo lo amo!", entonces puede responder: "Lo podrás amar, pero te está maltratando. Amarlo no significa tolerar maltratos". Cuando existe una historia de maltratos, es importante hablarle al corazón con la verdad, porque esos sentimientos a menudo dominan su mente racional y resultan en más sufrimiento y dolor. Esto no significa que no escuche a sus sentimientos. Lo que estoy sugiriendo es que aparte de escucharlos, puede hablarles inteligentemente, para que respeten lo que realmente está ocurriendo en su vida —la verdad de su situación de abuso intrafamiliar—. Al poner sus sentimientos en perspectiva, tomará más conciencia de lo que verdaderamente quiere o no quiere en su vida —y será capaz de actuar en base a sus preferencias—.

A continuación le ofrezco un espacio para que se "eduque" y le hable a sus sentimientos: Escriba todos los "peros" relacionados con sus sentimientos bajo la columna de "Sentimientos", y luego eduque a sus sentimientos bajo la columna de "lecciones", de acuerdo al siguiente ejemplo:

Educando y hablando con mis sentimientos

Sentimientos	Lecciones
Pero lo amo. . . .	El amor no es suficiente. Puedes continuar amándolo, pero no puedes tolerar que te haga daño.

Sentimientos de lealtad hacia su pareja abusiva

Uno de los motivos por los cuales se le dificulta "educar" sus sentimientos, y cree tener razón al no aceptar el abuso doméstico, tiene que ver con la lealtad que siente por su pareja. Esos sentimientos de lealtad son muy comunes, y no sólo se deben al hecho de tener una relación romántica o matrimonial con dicha persona, o que podría tener una larga historia con él y tenerle un amor profundo. También existe algo conocido como el *Síndrome de Estocolmo,* que es una reacción psicológica en la cual una persona se apega a quien le hace daño. El término se originó a raíz de un incidente en Estocolmo, Suecia, en 1973, durante el cual los empleados de un banco —mantenidos como rehenes por unos asaltantes— se apegaron emocionalmente a sus captores y de hecho, los defendieron después de ser rescatados. El *Síndrome de Estocolmo* se ha convertido en una forma por la cual los individuos que están en peligro muestran lealtad por quien les hacen daño o los pone en una situación riesgosa.

Como psicólogos sabemos que comúnmente aquellas personas víctimas de abuso o amenazas violentas, crean un lazo emocional con sus abusadores como parte de una estrategia de supervivencia; una manera de afianzar su propia seguridad. Hay ciertas situaciones y condiciones dentro de una relación que tienden a contribuir al *Síndrome de Estocolmo,* tales como:

- ser amenazada física o emocionalmente sabiendo que el abusador cumplirá sus amenazas
- recibir un pequeño gesto bondadoso de parte del abusador, lo cual crea confusión
- ser aislada de aquellos que podrían ofrecerle una perspectiva diferente a la del abusador
- Estar convencida que es imposible escapar de la situación abusiva

Tal vez la lealtad que siente por su pareja está vinculada a estas consideraciones. Nuevamente, el amor por su pareja, su deseo de conservar la familia y otros motivos de los que hemos hablado aquí, también podrían estar influyendo en su indecisión de no trazar la raya. Pero cuando analice su historia personal de perseverancia, creo que adquirirá una confianza nueva en su habilidad de trazar la raya, pese a la lealtad que siente por la persona que abusa de usted.

Su historia personal de perseverancia

A veces podemos motivarnos para superar un obstáculo al recordar un pasaje anterior de nuestra vida en el cual nos interpusimos a una situación igualmente difícil. Aunque jamás haya superado algo tan desafiante como "trazar la raya", seguramente hallará experiencias en su pasado en las cuales su firme determinación le ayudó a tener éxito. ¿En qué momento de su vida se dijo a sí misma *"no me voy a dar por vencida, perseveraré hasta que logre mi meta"*? Quizás alguien le dijo que era incapaz de aprender una destreza en particular, pero rehusó a creerle y aprendió. O tal vez luchaba contra sus propios pensamientos negativos, que trataban de convencerla de darse por vencida, pero insistió, comprobando cuán equivocados estaban. Esos casos de perseverancia y triunfo pueden servir de inspiración ahora, a medida que fortalece su voluntad de vivir una vida sin violencia.

Le invito a elaborar una lista de las veces que ha decidido hacer algo de lo cual al principio no estaba segura de poder lograr, o que terceras personas creyeron que usted era incapaz de hacerlo. Esos episodios podrían provenir de su infancia, del año pasado o de la semana anterior. La idea es probarse a sí misma que usted ya ha experimentado ser una *aguantadora*.

Aquí le presento algunos ejemplos para empezar:

- Mi padre me dijo que no era lo suficientemente inteligente, pero yo estaba dispuesta a sacar buenas calificaciones en la escuela —y lo logré—.
- Pensé que jamás podría aprender a hacer el trabajo para el cual me contrataron, pero me metí de lleno y pronto me resultó fácil.

- Al principio pensaba que no podría hablar frente a un grupo, pero estaba dispuesta a probar que estaba equivocada —y lo logré—.

Momentos en los que estuve dispuesta a hacer algo que inicialmente creí no poder lograr, o que otros pensaron que era incapaz de hacer

Escriba sus propias experiencias:

- _____
- _____
- _____

Ahora seleccione la experiencia más difícil de la lista anterior, y anote la preocupación específica que experimentó al principio, cuando enfrentó el reto y no estaba segura de triunfar. Por ejemplo: no contaba con una persona que me apoyara en la vida; no tenía suficiente experiencia; desconocía dónde podría obtener la información necesaria.

Preocupaciones que tuve cuando enfrenté un reto difícil

_____
_____
_____
_____
_____
_____
_____
_____

Enseguida, anote los temores que sintió cuando perseguía su meta. Por ejemplo: miedo al fracaso, miedo a que la gente no me aprobara, miedo al daño físico.

Miedos que tuve mientras perseguía mi meta

_____
_____
_____
_____
_____
_____
_____
_____

Ahora, apunte el deseo más importante que tenía cuando intentó triunfar frente a ese difícil reto. Por ejemplo: ser valorada; demostrar que lo podía lograr; ser aceptada; ser amada; llegar a ser económicamente estable.

Qué deseaba mientras perseguía mi meta

_____
_____
_____
_____
_____
_____
_____

Enseguida, apunte lo que hizo para perseverar en la búsqueda de su meta. Por ejemplo: tomé una clase; seguí los consejos de mi mentor; recibí apoyo moral de una amiga; procedí como si fuera fuerte —aunque no exactamente lo creía: pero creí en mis propias habilidades—.

Pude perseverar hacia mi meta debido a estos motivos

_____
_____
_____
_____
_____
_____
_____

Finalmente, anote aquí lo que aprendió de haber perseguido exitosamente su meta anterior. Por ejemplo: Aprendí que puedo confiar en mí misma; que puedo permanecer concentrada en mi meta y ser mucho más fuerte de lo que yo misma he pensado.

Aprendí lo siguiente de mí misma cuando perseguí mi meta

_____
_____
_____
_____
_____
_____
_____
_____

A medida que fortalece su voluntad de trazar la raya entre el comportamiento aceptable y el abusivo de su pareja, medite sobre lo que ha aprendido de este ejercicio. Ha superado dudas y temores del pasado, probándose a sí misma que puede ser perseverante. Aunque "trazar la raya" y enfrentar una relación abusiva no será tarea fácil, su historia personal revela que ha sido aguantadora en circunstancias anteriores. Ahora puede retomar esa misma tenacidad y determinación que le ayudarán a conseguir una vida sin violencia.

De qué manera Mónica utilizó su determinación de *aguantadora* para "trazar la raya"

Mónica aguantó una infancia muy dolorosa. Su madre la abandonó cuando sólo tenía ocho meses de nacida; fue criada por sus abuelos, que abusaron de ella y la vendieron a un hombre del pueblo que también abusó de Mónica cuando sólo tenía doce años. En su pueblo natal de

Oaxaca, México, los miembros de la comunidad la rechazaron por ser hija ilegítima, así que creció sin amistades. Cuenta que se refugiaba en su iglesia y en las tareas escolares. "La iglesia y la escuela eran un refugio seguro para mí", recuerda.

Mónica dice que debido a esa infancia tan infeliz, se sentía extremadamente vulnerable. "Me sentía fea, que a nadie le importaba, pero siempre trabajé realmente duro". Después de llegar a Estados Unidos, el trabajo rindió sus frutos; tenía tres empleos y eventualmente pudo comprar su propia casa. Fue en este momento de su vida que conoció al que sería su futuro esposo. Mónica dice que se sintió atraída por él debido a la forma tan agradable con que la trataba. Como jamás en su vida había tenido la experiencia de recibir atenciones, se sintió persuadida a involucrarse con un hombre a quien poco conocía.

> *Lo conocí en una fiesta, y parecía agradable. Le dije que tenía mi propio negocio y casa propia y que estaba trabajando muy duro. Una o dos semanas después, me llama y me dice que va ir a Hawai. Y me pregunta, "¿qué quieres que te traiga de allá?", y me pongo a pensar... ay qué bonito, ningún hombre jamás me había hablado así. Hablaba de una forma tan dulce, me enviaba flores a la oficina invitándome a buenos restaurantes. A mí nadie me había tratado así. Era muy, pero muy atento conmigo. Les conté a mis amigas, 'ése es mi Rey; es tan atento conmigo', y mis amigas me decían: Estás loca Mónica no te enamores de él'.*
>
> *Empezó a visitarme con más frecuencia. No disponía de mucho tiempo debido a que tenía tres trabajos. Así que le decía 'está bien, llegaré a casa a medianoche'. Así que él venía a verme a medianoche. Creí que quería tener la certeza de que había llegado bien a casa y venía para comprobarlo. Entonces pensé que realmente le importaba.*

Mónica confesó que debido a lo que había pasado en su infancia, realmente no tenía idea clara de cómo deben ser tratadas las mujeres o cómo debe funcionar una relación sana. Entonces, cuando su futuro esposo empezó a criticar a sus amigas y le dijo que dejara de verlas, ella interpretó su comportamiento controlador como preocupación por su bienestar.

> *A cada una de mis amigas les encontró defecto: que eran prostitutas, o gente de la calle, y no aceptables a sus ojos. Y debido a la vida que había*

llevado, no sabía lo que era correcto o incorrecto. Así, poco a poco me empezó a decir cosas para alejarme de esas amigas. Y mientras tanto, él seguía siendo muy atento conmigo.

Las "atenciones" de su futuro esposo no duraron. Cuando Mónica quedó embarazada, él comenzó a postergar la fecha para la boda. Tampoco quería presentarla a sus padres, a quienes no les agradaba que su hijo estuviera involucrado con una latina. Mintiendo sobre su estatus financiero, convenció a Mónica para que comprara una casa más cerca del trabajo de él—con el dinero de ella. Y encima de todo eso, descubrió que él todavía no estaba divorciado—como le había dicho inicialmente—y que tenía una deuda de $40,000 dólares en tarjetas de crédito. De manera que así estaba Mónica, embarazada y metida en una relación apresurada con un hombre que le mintió y continuaba menospreciándola, criticándola y controlándola. Hasta le daba vergüenza presentarla con su familia.

No fue sino hasta que su bebé cumplió ocho meses de nacido que la pareja se casó. De acuerdo a Mónica, la boda "fue más bien como un funeral", porque los padres de él rehusaron reconocerla a ella y a su bebé; increíblemente actuaban como si la nuera y nieto no existieran. Aún así, Mónica tenía la esperanza de que las cosas cambiarían y su esposo se encargaría de esos cambios.

> *Cuando regresamos después de la boda, me dijo que las cosas iban a ser mejor, que él iba a encargarse de eso, pero que tenía que escuchar todo lo que él dijera. Pues bien, dije estar de acuerdo con lo que fuera necesario para ganarme el amor de su familia. Porque me creía capaz de ganarme el amor de ellos, lo único que necesitaban era conocerme mejor. Todavía quería que se arreglaran las cosas. Me entregué a mi negocio, al cuidado de mi criatura y a mantener la casa limpia. Cuando mis amistades me llamaban para verme, él decía no, no puedes ir. Así que básicamente me prohibió ver a cualquier otra persona. Me dio reglamentos: Ahora deberás cuidar nuestra casa y a nuestro hijo. Nada de comunicación con nadie, si quieres que esto funcione.*
>
> *Mi familia era muy pobre para ellos. Mis amistades muy corrientes para él. En sus ojos, todo el mundo que yo conocía tenía un defecto. Pero le seguí la corriente concentrándome en mi negocio, mi casa y mi bebé —y en tratar de pagar las cuentas de él—.*

Sin embargo, por más sincero que fuese el esfuerzo de Mónica por hacer exactamente lo que quería su esposo, ella siempre fallaba en algo, según el marido. Pese a que era ella quien traía el dinero a la casa, él era el que controlaba todo. La vigilaba para asegurarse de que depositara los cheques de ella en el banco. Constantemente la menospreciaba por no hacer las cosas exactamente como él le había instruido. De castigo por sus presuntas fallas, la privaba de tener relaciones sexuales, así como también de palabras de apoyo y bondad. En arranques de ira, le pegaba y le arrojaba objetos.

> *Después de la boda, todo el tiempo se ponía histérico. Y finalmente se me acabó el dinero; al principio tenía muchos ahorros, y durante el transcurso de un año siempre pude ayudarle. Pero ahora se habían agotado mis recursos. Entonces me pegaba para aliviar su estrés y el mío —así me lo hizo creer—. Cuando me maltrataba me decía 'tienes idea de la cantidad de estrés que tengo que soportar; no tenemos dinero, mis padres no te aceptan, y yo estoy tratando de hacer todo lo posible para que te acepten'. Siempre me hizo sentir como que él me estaba ayudando. Si me pegaba, era como que me estaba haciendo un bien o un favor.*

Tristemente, debido a que Mónica había crecido aceptando el abuso como un hecho irremediable en su vida, aceptaba las justificaciones de su esposo cuando la golpeaba. Pero poco a poco empezó a identificar que el abuso iba mucho más allá de los azotes físicos. Culpándola por cosas que ella no había hecho, empezó a hacerla dudar de su propio juicio. Finalmente acudió al médico para que le aconsejara qué hacer para enfrentar el creciente estrés causado por estar en un matrimonio en donde sufría abuso emocional y físico.

> *Mi doctor me dijo, 'eres exitosa. Has pasado por mucho; piensa en ti'. Me dio el valor que necesitaba, y al fin puse la demanda de divorcio. Pero todavía tenía esperanza. Pensé que si pedía el divorcio mi esposo reaccionaría y tendría el aliciente para hacer funcionar las cosas. Yo aún lo amaba.*

Mónica abrigaba la esperanza de que cuando su esposo se diera cuenta de que el matrimonio podría terminar, cambiaría su forma de ser. Pero los hombres abusivos no cambian tan fácilmente. Nadie los puede hacer cambiar, debe nacer de ellos el esfuerzo auténtico y consistente para enfrentar su comportamiento de manera consciente, y así cambiarlo. La ira del esposo de Mónica se intensificó, culminando en un incidente lamentable al ser arrojada por las escaleras de su casa. Hasta ese momento le había pegado ocasionalmente y castigado con abuso emocional. Él había tomado total control de la vida de Mónica, a tal grado que dijo sentirse como que si estuviera "en la cárcel". Le vigilaba todos sus movimientos, la criticaba incesantemente, la aislaba de sus amistades, y la hacía pensar que estaba loca; falsamente la acusaba de robar, le negaba afecto o relaciones sexuales, intimidándola aún más, golpeándola y tirándole objetos. El hecho de haberla tirado por las escaleras fue simplemente la gota que colmó el vaso de agua, pero hizo que ella recobrara fuerzas y se decidiera a "trazar la raya".

> *Me empujó por las escaleras dejándome a mi suerte. Comprendí que había recurrido a todos los medios para destruirme. Hasta que al fin obtuve una orden de protección. Me dije a mí misma: yo lo puedo hacer, puedo sobrevivir, ya lo hice en otra ocasión. Recuerdo que estando en México y sin tener zapatos para ir a la escuela, utilizaba goma de pegar para soldar lo que encontrara para protegerme los pies. Ahora necesitaba armar un caso legal como madre. Solicité cartas a mis vecinos diciéndoles: 'Si usted piensa que soy una buena madre para mis hijos, por favor escríbalo.' Reuní como quince, las que presenté en el juicio para lograr la patria potestad de mis hijos. Gracias a esos esfuerzos, obtuve la custodia de mis hijos por partes iguales, 50-50. Y esto porque mi esposo decía que yo estaba mentalmente desequilibrada.*

De hecho, el abuso emocional al que estuvo sometida, la había desestabilizado mentalmente. Sin embargo y afortunadamente, al fin pudo lograr trazar la raya y reconocer que ya no podía aceptar ese maltrato. Amaba a su esposo y al principio había creído que su comportamiento era aceptable. Había creído que si satisfacía sus necesidades y seguía sus reglamentos, podría cambiarlo y convertirlo en el esposo amoroso que ella tanto anhelaba. Pero después de todas las mentiras, engaños, crueldad y negación de amor, la personalidad de él quedó clara para ella. Mónica sabía que él no era una persona amorosa incluso antes de que la empujara por las escaleras. Este hecho sencillamente le confirmó de forma dramática lo abusivo que era su marido, y creció en ella la determinación de trazar finalmente la raya, y de esta manera lograr vivir en paz junto a sus hijos.

Ejercicio: Trace la raya

Para poder prepararse y realmente "trazar la raya" en su relación o establecer límites— para que de este modo las falsas disculpas y palabras manipuladoras de su pareja dejen de nublarle la mente— la invito a poner en práctica este ejercicio. En este acto físico de trazar la raya, usted podrá visualizar lo que está de un lado (**comportamiento abusivo** dirigido a usted) y lo que está del otro (una vida sin maltratos, a la cual puede incluir el **comportamiento aceptable** de su pareja). Dependerá de usted escoger de qué lado de la raya o línea va a querer vivir.

1. En la columna de **"Abusivo"**, enumere los comportamientos de su pareja que no volverá a tolerar. Estos pueden ser amenazas o cualquier proceder que la haya lastimado físicamente, provocándole al mismo tiempo temor y/o humillación.
2. En la columna de **"Aceptable"**, haga una lista de conductas o hechos que quizás no son agradables, pero que está dispuesta a tolerar. También puede incluir en la lista, comportamientos positivos de su pareja.
3. Considere seriamente los comportamientos que ha colocado en la columna de **"Aceptable"**, y pregúntese si al aceptar ese comportamiento se está exponiendo a humillaciones, maltratos, o a que su pareja la lastime de alguna forma. De ser así, marque un círculo rojo alrededor del comportamiento que la haría sentirse en peligro.
4. Piense que jamás querría que a sus seres queridos los humillen, maltraten o lastimen con acciones que usted destacó dentro del círculo rojo, y que usted tampoco tolerará. Usted es tan valiosa como sus seres queridos y merece que la traten con el mismo respeto que desea para ellos.

5. Al darse cuenta que merece que la traten con respeto, transfiera esos comportamientos marcados con el círculo rojo a la columna de **"Abusivo"**. Reconozca que ahora sabe lo que es aceptable y lo que no lo es, y que se ha comprometido a dejar de justificar la intolerable conducta de su pareja.
6. Marque una raya gruesa entre las dos columnas, representando su firme creencia de que tiene derecho a una vida sin maltratos.

LA RAYA

Comportamiento abusivo	Comportamiento aceptable

A medida que continúe leyendo este cuaderno, regrese a este ejercicio de "Trace la Raya", y actualice sus anotaciones.

Cuando esté segura de sus límites y decidida a trazar la raya entre lo que usted acepta y lo que no, usted lo transmitirá a quienes están a su alrededor. Así que necesita estar segura de sí misma, saber sobre lo que es bueno o no para usted. Una vez que pueda confirmar dentro de sí misma que jamás aguantará ese comportamiento abusivo, quienes le rodean estarán enterados y la respetarán. El mensaje quedará muy claro: pase lo que pase, esta es la manera que yo espero que me traten.

Sentirse segura de lo que está dispuesta a soportar es cuestión de actitud, no de palabras. Si cambia su actitud sobre lo que realmente cree que merece, cómo espera que la trate la gente, incluida su pareja, los demás también lo percibirán. No obstante, esto no quiere decir que si cambia de actitud y expectativas, él dejará de ser abusivo. A menos que él reciba tratamiento psicológico, entrenamiento para controlar su enojo o consejería, con toda seguridad continuará con su comportamiento abusivo. De manera que necesita estar preparada, si esa conducta persiste. (Vea el Capítulo 7 sobre cómo elaborar un plan de acción).

Aquí la idea es saber que ha trazado la raya y se ha dicho "hasta aquí" y que está decidida a no cruzar esa línea que se estableció, ya que no tolerará más abusos.

¿Qué pasa después de que trace la raya?

"Trazar la raya" no necesariamente significa terminar con la relación. Es posible que el comportamiento abusivo eventualmente pueda terminar si su pareja acepta total responsabilidad sobre su conducta, y entonces acude a un programa de tratamiento para agresores o a uno para controlar la ira, y sigue el programa al pie de la letra. Sin embargo, tenga claro que usted nunca debe aceptar el abuso físico. Nuevamente, esto no significa que necesite interponer una demanda de divorcio si ya están casados, pero puede ser necesario vivir aparte de su pareja para su protección y la de sus hijos. Una vez que su pareja le haya probado que ya no recurre a la agresión o la violencia, entonces podrá estar suficientemente segura como para volver a vivir con él. De todos modos, tenga en cuenta que siempre existe la posibilidad de que él vuelva a sus viejos hábitos.

Nadie merece vivir en un hogar violento, y sus hijos jamás deben estar expuestos a ello. En el Capítulo 7 hablaremos más acerca de los pasos específicos que puede tomar si decide separarse de su pareja. Si permanece en una relación violenta, sus hijos también aprenderán a soportar la violencia. Y especialmente si son varones, podrían convertirse en una pareja violenta cuando lleguen a ser adultos y, por consiguiente, perpetuar el ciclo de violencia. Y si son mujeres, pueden aprender que la violencia es algo aceptable en una relación.

Utilizar su determinación de *aguantadora* para ser honesta consigo misma al trazar la raya, es un paso importante. Significa que ya no cae en la tentación de justificar lo injustificable. El siguiente paso es cobrar suficiente valor para admitir que no puede cambiar a esa persona que la está agrediendo; usted es la única que puede cambiar, y éste será el tema del Capítulo Cuatro.

Capítulo 4

Valor de la Atrevida para reconocer que usted no puede cambiarlo. Usted es la única que puede cambiar

Puede ser difícil aceptar que está en una relación abusiva. ¿Por qué? Porque hasta una relación abusiva raramente es totalmente mala. Hay momentos en que podría sentirse amada, protegida y cuidada por su pareja; hasta *consentida*. Estos sentimientos positivos pueden hacerla ocultar el abuso, hasta de usted misma. O al menos podría utilizar los "buenos momentos" para minimizar los "malos". Las mujeres tienden a justificar los hechos abusivos de sus parejas racionalizándolos con semejantes excusas como éstas: "Él estaba en crisis", "estaba inconforme con su vida", "frustrado con su carrera", "perdió su empleo", "se la pasaba deprimido". Pero nada justifica el maltrato.

Quizás su dificultad en aceptar que está en una relación abusiva se deba a la creencia de que todo lo que necesita hacer es encontrar una manera de cambiar las actitudes de su pareja para que ya no cruce la raya. Y luego todo estará bien. Si es como muchas otras sobrevivientes de abuso intrafamiliar, uno de sus mayores retos podría ser aceptar que sus intentos anteriores para cambiarlo fueron inútiles, y que otros intentos tampoco cambiarán sus acciones. Tal vez esa situación de "tratar de cambiarlo" no es aplicable en este caso, pero para muchas sobrevivientes de abuso doméstico, la creencia de que pueden cambiar a su pareja si se comportan diferente o lo tratan de otra manera, está tan arraigada que liberarse de ella requiere de un valor extraordinario.

Este capítulo trata sobre cómo hacer precisamente eso. Adquirir el valor para aceptar que no se puede cambiar a una pareja abusiva —sólo usted puede cambiar—. El valor que necesitará entonces será doble: valor para no seguir tratando de cambiarlo, y valor para poner toda su energía en cambiar usted misma. Para poder tomar este doble desafío, necesitará ese valor de "atrevida".

¿Qué quiere decir ser "atrevida"? Quiere decir enfrentar sus temores y arriesgarse a hacer lo que no es fácil. Como latinas, muchas de nosotras hemos tenido que ser valerosas y audaces sólo para sobrevivir. Algunas han tenido que dejar sus lugares de origen y buscar trabajo fuera de su país. Otras tuvieron que arriesgarse a enfrentar circunstancias difíciles en cuestiones políticas o económicas, al mismo tiempo que mantienen a su familia unida. Y como mujeres en las comunidades latinas tenemos que recurrir a nuestro valor para rebelarnos en contra de restricciones que nos han fijado nuestra familia, la iglesia, o incluso nuestra cultura. Ser "atrevida" significa tener agallas y la energía de decir "seré valiente para luchar por la vida que yo quiero". Puede utilizar esta potente fortaleza en admitir que no tiene sentido tratar de cambiar a una pareja abusiva y en lugar de eso, empezar a cambiar usted misma.

Los Toltecas, cuya cultura floreció en Mezo-América hace miles de años, creían en seguir un curso mediante el cual se aprende la verdad del mundo y de sí mismo, como también a dominar los propios temores. De acuerdo a Los Toltecas, uno necesita superar los temores para comprometerse espiritualmente a lograr metas e ideales. Creían que descubrir sin temor la mejor manera de emplear talentos y habilidades, los acercaba más a un estado de armonía con el mundo. La filosofía espiritual de los Toltecas puede inspirarnos a enfrentar nuestros propios temores y sacar a esa atrevida valerosa que llevamos dentro de nosotras mismas. Cuanto menos miedo tenga, más dejará de intentar cambiar a su pareja en lugar de enfrentar el reto de cambiar usted misma. Y en el proceso gozará de una mayor armonía con usted misma y con el mundo que la rodea.

¿Qué teme que ocurra si deja de tratar de cambiar a su pareja y empieza a experimentar el cambio en usted misma?

Cuando se encuentra en una situación de maltratos, probablemente está albergando temores de lo que ocurriría si deja de tratar de cambiarlo y en lugar de eso, enfrenta el reto de cambiar usted misma. Haga una lista de los temores que podrían estar impidiéndole mostrar sus posibilidades de atreverse.

Temores que interfieren

_____

_____

_____

_____

_____

_____

_____

_____

_____

Tal vez su lista de temores incluya uno o más de los siguientes:

- Que nadie jamás me vuelva a amar
- Estar sola
- Que él me quite a los niños —o me deporten—
- Lo que dirá mi familia u otras personas

- Que mi pareja encuentre otra compañera
- No poder depender económicamente de mí misma
- Ser un rotundo fracaso en el matrimonio

Examinemos estos temores, así como estrategias para enfrentarlos.

Temor a que la relación termine

Cuando usted cambie lo necesario para prevenir cualquier tipo de maltrato, es posible que su relación termine. Pero esto no necesariamente ocurre. A veces, cuando una mujer maltratada decide cambiar, su pareja abusiva toma la decisión de buscar ayuda y cambiar su vida también. Mientras que usted no cambie su propia vida, con la esperanza de que él cambie la suya, debe tener claro que es inevitable que su relación pueda terminar. Sin embargo, es un riesgo que necesita tomar.

La interrogante es ¿está dispuesta a tomar ese riesgo de terminar su relación si tal acción abre el camino a una mejor vida para usted y sus hijos? Aceptar el comportamiento abusivo de su pareja generalmente significa que el abuso irá en aumento. Cuando ese proceder sea intolerable, la separación podría ser inevitable, pero esto no necesariamente significa un divorcio. Más bien quiere decir que al poner distancia entre ambos se están dando tiempo para pensar claramente sobre cómo desean proceder.

Enfrentando el temor:
Escriba un número en la escala del 1 al 10 ("1" siendo lo más tolerable y "10", lo menos tolerable), el cual representa cómo usted se sentiría si se separa o se queda con su pareja abusiva.

___ Separándome temporalmente de mi pareja abusiva, sabiendo que he conseguido mi seguridad y la de mis hijos.

___ Separándome definitivamente de mi pareja abusiva, sabiendo que lograré mi seguridad y la de mis hijos.

___ Permaneciendo con mi pareja abusiva y tolerar malos tratos

Temor a que jamás alguien me ame

En una relación abusiva, el hombre agresor tratará de infundirle ese temor. Para poder ejercer control sobre usted, él le hará creer que es el único hombre que puede amarla porque no es merecedora de amor y porque tiene muchos defectos. Él le hará creer que es muy estúpida, loca, incompetente, afectada emocionalmente, fea, gorda, flaca, alta, baja, nada sensual, o demasiado "algo". Y debido a que le repite constantemente que no merece ser amada por equis motivo, usted empieza a creerle. Y si se ha convencido a sí misma que está enamorada de este hombre que la menosprecia y humilla, se inclinará por pensar que cualquier cosa que él dice es una verdad absoluta.

Enfrentando el temor:
¿Cuál es la verdad de su capacidad de hacer amigos o atraer a una nueva pareja? La realidad es que su pareja abusiva decidió estar en una relación con usted. Si supuestamente usted es tan desagradable, en primer lugar, ¿por qué la escogió a usted? Aparte de las cualidades que le gustaron a él, ¿acaso usted no tiene una serie de buenas cualidades que otra persona también podría apreciar, aunque su pareja actual no las reconozca? Haga una lista de las virtudes que su pareja actual no aprecia. Escriba unas cuantas frases sobre cada cualidad explicando por qué alguien más podría apreciarlas.

Atributos que mi actual pareja no aprecia	**¿Por qué otra persona podría apreciar estas cualidades?**
_____	_____
_____	_____
_____	_____
_____	_____
_____	_____
_____	_____

_____   _____
_____   _____
_____   _____
_____   _____
_____   _____
_____   _____

Temor de estar sola

Algunas personas asumen que no podrán vivir solas, pero comúnmente se debe a que jamás han tenido tal experiencia. Póngase a pensar por qué tiene miedo de estar sola. Tal vez nunca ha pasado tiempo a solas. O quizá realmente le agrade estar sola pero jamás ha tenido la oportunidad de vivir sin pareja. ¿Sería posible convertirse en su mejor amiga si tuviera la oportunidad de pasar más tiempo con usted misma?

Enfrentando el temor:
En la columna que dice: "Si viviera sola", haga una lista de cosas negativas que podrían ocurrir si viviera por su cuenta. Repase lo que ha escrito, y luego, en la segunda columna, escriba lo que haría para hacer frente a esa situación. Por ejemplo:

Si viviera sola . . .	Me las arreglaría . . .
Podría deprimirme	. . . uniéndome a un grupo de mujeres
	. . . consultando a un psicólogo
	. . . haciendo ejercicio
	. . . tomando un curso
	. . . consiguiendo una compañera para compartir gastos, quizás una madre con un hijo

Además recuerde que definitivamente no está sola en estas circunstancias. Hay miles de mujeres que están enfrentando el abuso intrafamiliar, con las que puede reunirse para ofrecerse un mutuo apoyo emocional. Grupos de apoyo para sobrevivientes de abuso doméstico existen en toda comunidad. Al compartir su historia y escuchar a otras mujeres, se sentirá comprendida y apoyada, porque los patrones de abuso son muy similares, independientemente de sus diferencias particulares. Aprenderá más sobre cómo pedir ayuda a otras sobrevivientes de violencia doméstica, y a otras mujeres que le pueden ayudar. Esto lo veremos en el próximo capítulo sobre la red de comunicación de la *comadre*.

Y finalmente, esté consciente de que parte de ese temor de estar sola puede surgir a consecuencia de cuestiones culturales, las que afirman que "una mujer no es nadie sin un hombre". Esto definitivamente no es cierto. Millones de mujeres que viven por su cuenta, ya sea por opción o circunstancias, no solamente llevan vidas interesantes y productivas, sino que también tienen amistades y compañeros y verdaderamente disfrutan la vida. Ellas serían las primeras en argumentar que tienen una identidad respetable, formada gracias a sus propios esfuerzos.

Temor a represalia física

Los hombres abusadores recurren a las amenazas para inculcar temor a sus víctimas. Y debido a que han cumplido con algunas de esas amenazas en el pasado, es fácil comprender que usted tenga temor a represalias físicas si llegara a dar pasos para cambiar su vida. Algunos hombres utilizan la violencia sexual como una manera de imponer su control, cuando sienten que su pareja está a punto de partir. La violencia sexual y la violación son métodos utilizados por un hombre para probar que su esposa o novia todavía le pertenecen, que sigue atada a él. Sin importar los particulares hechos violentos que usted piense que puedan ocurrir, el temor de convertirse en blanco de más violencia es verdaderamente real. Pero puede superar este temor poniendo atención a los siguientes consejos.

Enfrentando el temor:
Si existe violencia dentro de su hogar, es fundamental que salga de allí, porque necesita protegerse. Si se siente amenazada, apresúrese a irse y encuentre un sitio donde esté segura y pueda ordenar sus pensamientos. Sin embargo, antes de que salga por la puerta, necesita comunicarse con un miembro de la familia que sea de su confianza o con su amiga o comadre. También considere un albergue para mujeres golpeadas. Si su pareja se ha tornado más violenta debido a que usted está tratando de hacer cambios en su propia vida, correrá mayor riesgo, a menos que se aparte de él. No tome ese riesgo. No vale la pena vivir bajo el mismo techo junto a alguien de quien teme podría tomar represalias todavía más violentas contra usted. Hablaremos más sobre el desarrollo de un plan de acción para marcharse de casa en el capítulo de *Diplomática*.

Temor de que me quite a los niños o haga que me deporten

Un temor común que las mujeres frecuentemente me expresan es que el cónyuge abusivo amenaza con quitarle a los niños, argumentando que de alguna forma un hombre tiene ese derecho si la mujer se separa de él. Mientras que la ley en Estados Unidos casi siempre está a favor del padre/madre maltratado, y jamás del lado del abusador, esta amenaza igualmente podría provocar cierto temor. Y bien podría haber verdaderos motivos que justifiquen este miedo. Algunas latinas inmigrantes indocumentadas también podrían temer que si denuncian al esposo con las autoridades, cumplirá su amenaza de hacer que las deporten. Esto podría ser particularmente relevante si el agresor es ciudadano de Estados Unidos y su esposa no. Si esto le preocupa, para tranquilizar su angustia, lea el siguiente consejo: Usted necesita saber que Servicios Sociales y las autoridades se preocupan sobre el bienestar de los menores de edad. Si usted reporta la violencia doméstica, usted está protegiendo a su hijo/s. Cuando una madre no reporta la violencia doméstica y la mantiene en secreto, ella está permitiendo que sus hijos sean testigos de la violencia doméstica y que hasta ellos sean posiblemente víctimas de violencia también. En dichos casos, las autoridades pueden retirar a los menores del hogar y ponerlos bajo la custodia de Servicios de Protección de Menores.

Enfrentando los temores:
Para poder combatir sus temores necesita investigar las leyes precisas del estado donde vive o de su país de origen con respecto al abuso conyugal, separación marital, y patria potestad de los hijos. En lo que se refiere al temor a la deportación, existe una ley en Estados Unidos que protege a mujeres indocumentadas que han sido víctimas de violencia intrafamiliar. Las victimas pueden obtener residencia legal de acuerdo a la Ley de Violencia Contra la Mujer (Violence Against Women Act), cuyas siglas son VAWA. Según el Centro de Recursos Legales del Inmigrante (conocido como ILRC por sus siglas en inglés), la Ley de Violencia Contra La Mujer permite que el cónyuge o hijo/a agredido por un ciudadano de Estados Unidos o residente permanente legal, someta *auto-petición* de estatus legal en Estados Unidos, autorización de empleo y acceso a beneficios de salud. La ley VAWA le ofrece a los sobrevivientes de violencia intrafamiliar, los medios esenciales para escapar de la violencia y establecer una vida segura e independiente. Para más información, consulte la página Web del Centro de Recursos Legales del Inmigrante: www.ilrc.org/vawa.php.

La mayoría de albergues para mujeres maltratadas cuenta con asesores jurídicos que pueden darle información exacta sobre estos asuntos.

Además, puede recibir consejo legal y servicios en la organización local de ayuda legal.

Para poder tranquilizar más su mente en este preciso momento, vaya a Internet y escriba www.lawhelp.org, dónde encontrará la lista de todos los estados del país y haga clic en el estado donde vive, haga clic en "Protección contra el Abuso". También puede consultar las páginas amarillas. Anote el nombre y número de teléfono de la organización local de ayuda legal aquí:

_____ (nombre de organización)

_____ (número de teléfono)

Temor de lo que la familia u otras personas puedan decir de mí

En la cultura latina se considera responsabilidad de la mujer mantener a su familia unida, lo cual podría implicar aguantar cualquier mal comportamiento de su esposo. De manera que el temor a ser avergonzada por la familia puede ser mucho más real para las latinas que para otros grupos. Pero permítame recordarle que estamos hablando de su seguridad, de su vida.

¿Acaso otras personas la consultan a usted sobre cómo conducir sus vidas? Probablemente no. Pero por si acaso le consultaran, ¿se cree capacitada para decirles a otros cómo vivir? Usted es la única que sabe lo que más le conviene, y el hecho de que esté leyendo este manual de ejercicios prueba que está en busca de sus propias respuestas racionales. Usted sabe que la violencia destruye relaciones, pero también destruye el alma, lo más valioso que tiene un ser humano. Así que si está en proceso de cambiar su vida para poder cuidar su alma, ¿Cómo podría estar equivocada, independientemente de lo que los demás (incluyendo su familia) digan de usted?

Enfrentando el temor:
Si alguien la critica por separarse o hacer planes para separarse de su pareja, su respuesta podría ser algo parecido a esto: "Agradezco su pre-

ocupación, pero estoy haciendo lo que es mejor para mí (y mis hijos)". No necesita dar explicaciones a nadie, y no necesita aceptar opiniones si no favorecen a sus mejores intereses.

Podría serle útil escribir varios mini-guiones adelantándose a lo que ciertos miembros de la familia o amigos puedan decir cuando se enteren de que está haciendo cambios en su vida, y que podría separarse de su pareja. Esta es una buena manera de practicar una respuesta sencilla, a la vez que fortalece su decisión. Aquí tiene muestras de guiones sinceros que le darán idea de cómo responder a sus parientes y amistades. Ellos podrían tratar de convencerla de que abandone el plan de mejorar su vida en lugar de dejar a su compañero abusivo.

Su mamá—¿Cómo se te ocurre soñar en dejarlo y divorciarte? ¡Sabes que será un escándalo para nuestra familia!

Usted—Agradezco tu preocupación, mamá, pero estoy haciendo lo que creo más conveniente para mí y mis hijos.

Su hermano—¿Ya sabes lo que va a decir la gente de ti si te vas a vivir sola? Se pondrán de parte de él y no te van a creer nada de lo que digas.

Usted—Agradezco tu preocupación pero estoy haciendo lo correcto.

Su amiga—¿No crees que estás siendo algo dura de corazón? Sabes que te ama.

Usted—Gracias por tu preocupación, pero estoy haciendo lo que es mejor para mí.

A veces, en situaciones ante las cuales sus amistades o parientes no comprenden por lo que está pasando, o no razonan a favor de sus mejores intereses, callar es mejor que tratar de explicarles.

Temor de que mi pareja pueda encontrar a otra mujer

Desafortunadamente este podría ser el caso, no para usted sino para la próxima víctima. Los hombres abusivos son depredadores: necesitan tener a alguien a quien controlar y ejercer su poder para darle un significado a su propia vida. A menos que un hombre abusivo obtenga ayuda profesional, con toda probabilidad continuará abusando de otra persona para poder alimentar ese ego. Así que existe la posibilidad de que su pareja *sí encontrará* a otra mujer para abusarla. Pero piénselo: realmente ¿qué estará perdiendo usted?

Enfrentando el temor:
Complete las siguientes frases para descubrir qué es lo que usted tiene miedo de perder si su pareja se va con otra. Regrese a estas frases cuando termine de hacer todos los ejercicios de este libro, y vea si ha cambiado su perspectiva.

Si mi pareja fuera a estar con otra persona en lugar de conmigo, temo que perdería _____
_____.

Si ya no pudiera estar con mi pareja, temo perder _____
_____
_____.

¿Qué es exactamente lo que extrañaría de su pareja abusiva? Haga dos columnas. En la primera, haga la lista de todas las cosas positivas que tuvo con él, y en la segunda, la lista de todas las cosas negativas que tuvo a su lado. La columna positiva suele reflejar los motivos por los cuales teme perderlo pero también enmascara las razones por las cuales su relación es peligrosa. Es como probar un postre delicioso después de haber comido un alimento envenenado. Aunque el postre sabe bueno, de todas maneras se enfermará debido a la mala comida que consumió antes. Al concentrarse en la columna positiva y pasar por alto las partes peligrosas de su relación (la comida envenenada), usted podría enfermarse. De hecho, las parejas agredidas, comúnmente se enferman físicamente por permanecer demasiado tiempo en esa relación abusiva. Es muy importante tener claro lo que realmente obtiene de la relación. Cuando se diga a usted misma qué es lo que extrañará de su pareja, piense en lo positivo y en lo negativo.

Lo que extrañaré de mi relación

Lo positivo	Lo negativo
_____	_____
_____	_____
_____	_____
_____	_____
_____	_____
_____	_____
_____	_____

Una amiga me dijo: "Hombre que hace cosas malas no es hombre bueno". No puede calificar a su pareja de buena persona si repetidamente hace cosas malas en contra suyo. Claro, todo el mundo puede cometer errores, todos se pudieran comportan mal en algún momento, pero la diferencia entre un hombre bueno que se comporta mal y un hombre abusivo, es que el hombre bueno le dice "discúlpame" de corazón, y no lo vuelve a hacer. Mientras que el abusivo le podrá decir "discúlpame", pero lo vuelve a hacer una y otra vez.

Temor a no poder depender de mí misma económicamente

Este puede ser un temor muy real, especialmente en la economía volátil de hoy. Si su pareja es el único que mantiene la casa, y si sus habilidades de trabajo y experiencia son limitadas, su reto es aún mayor que si estuviera trabajando. Cualquiera que sea el caso, necesita armarse del valor de *atrevida* para enfrentar este temor. Recuerde que hay mujeres en todos los niveles económicos que logran tener éxito para mantenerse ellas mismas, pero trabajan arduamente para lograr su objetivo. Y como latinas, jamás hemos tenido miedo a trabajar duro. Si decide dejar a su pareja abusiva, podría tener que trabajar más que antes u obtener el entrenamiento necesario para ganar un sueldo digno. ¿No cree que el esfuerzo valdrá la pena? ¿Qué tanto esfuerzo está dispuesta a hacer, y cuánto valor está dispuesta a demostrar para alcanzar una vida sin violencia para usted y sus hijos?

Enfrentando el temor:
Complete las siguientes frases que le señalarán el camino para llegar a ser económicamente auto-suficiente.

Puedo utilizar estas habilidades que poseo para encontrar empleo y ser auto-suficiente:
_____

Puedo utilizar mi experiencia de _____ para obtener un empleo decente.

Puedo obtener entrenamiento para _____.

Puedo llamar a estas amistades o familiares u organizaciones para que me ayuden con mis hijos, mientras asisto a clases nocturnas o regreso a la escuela:
_____

Puedo conseguir consejo práctico sobre capacitación laboral o planificación de carrera acudiendo a estas organizaciones o agencias:

_____

_____

_____

_____

_____

Es importante saber que los centros de refugio para mujeres víctimas de violencia doméstica por lo regular ofrecen entrenamiento y asesoría sobre empleos.

Si los temores económicos le están impidiendo armarse del valor que necesita para cambiar su vida, empiece a pensar de qué manera podría hacerse cargo de sus propias finanzas. En el Capítulo 7 hablaremos más a fondo sobre cómo preparar un plan financiero si decide separarse de su pareja.

El temor a la vulnerabilidad financiera puede afectar a aquellas mujeres en relaciones abusivas que están al nivel más elevado de la escala económica. Las mujeres que ganan suficiente dinero por su cuenta, pueden temer que si se separan de su pareja quedarían emocionalmente tan perturbadas que no podrían continuar trabajando con éxito. Es cierto que cualquier cambio en su vida, aunque sea positivo, puede deprimirla. Y cuando ha habido dependencia emocional a una pareja abusiva, un rompimiento puede debilitar su confianza. Por eso, hasta las mujeres exitosas podrían sentir el temor de no confiar económicamente en sí mismas al separarse.

¿Cómo podría enfrentar este tipo de temor en base a desprenderse emocionalmente —a diferencia de un temor de efectos económicos—? He aquí algunas sugerencias:

- Ausentarse un poco del trabajo (si puede) para ayudarse a cobrar fuerzas, y regresar a trabajar lista para asumir previas responsabilidades.

- Un consejero o psicólogo puede orientarla a recobrar su equilibrio durante la separación, y así sentir suficiente confianza de continuar trabajando productivamente.
- Los grupos de apoyo de sobrevivientes de abuso doméstico siempre son una buena idea. Hablaremos más sobre estos en el Capítulo 5.

Temor a ser un fracaso en el matrimonio

El divorcio no necesariamente es la solución a un matrimonio abusivo, pero para quienes contemplan el divorcio, este podría acarrear miedo al fracaso. El divorcio es muy común en este país pero todavía existe cierto estigma asociado con el, particularmente entre muchas familias latinas. Dado que la mayoría de los latinos son católicos, y debido a que la Iglesia Católica estipula que el divorcio es un pecado, es aún más difícil contemplar semejante decisión si usted es creyente. Tome en cuenta, sin embargo, que la Iglesia Católica no justifica el abuso en una relación o matrimonio.

Aunque no sea religiosa ni católica, podría tener la impresión de que la ruptura con su pareja abusiva significa que usted es un fracaso, debido a que no pudo hacer funcionar su matrimonio. Pero, ¿será posible hacer funcionar una relación cuando se está casada con una pareja que la maltrata?

Ser una atrevida valiente significa tomar acción, aceptando al mismo tiempo que no importa lo que haga, no puede cambiar al agresor. Él debe asumir la responsabilidad de obtener ayuda. Un matrimonio con alguien que está abusando de usted no puede "funcionar". ¿Será acertado calificarse de "fracasada" por no hacer funcionar una relación de abuso?

Enfrentando el temor:
Asuma el papel de su mejor amiga, y escríbase una carta explicando por qué *no* es un fracaso terminar con su pareja abusiva. Por ejemplo, su carta dirigida a usted misma podría decir así:

Muestra de carta a usted misma

Querida _____,

Comprendo que sientes que has fracasado en tu matrimonio con _____. Pero, ¿acaso no es cierto que ha sido él quien ha fallado? Al abusar de ti emocional y físicamente, _____ ha roto el cumplimiento de sus votos matrimoniales. Ha fallado en honrarte con amor y respeto. Ha fracasado en no tratarte como un ser humano. Una pareja amorosa no amenaza a su esposa con violencia o con hacerle daño físico. Quiero que sepas que tú no has fracasado. Al contrario, dejar a alguien que descaradamente te ha maltratado es un acto de valentía. A ti se te debe elogiar por ser una mujer tan valiente.

Con amor,

Mantenga esta carta en un lugar seguro y léala cuando sienta que necesita ánimo de su "mejor amiga".

Su carta para usted misma

Estimada _____,

_____
_____
_____
_____
_____
_____
_____
_____
_____

Con amor,

La historia de Dolores: "Un día me armé de valor y enfrenté al monstruo"

A veces armarse de valor para dejar una relación abusiva ocurre en un día, una semana, varios meses. En otros casos, puede tomar años. Dolores llevaba quince años de casada con un esposo que la maltrataba, pero llegó el día en el cual comprendió que ya no podía aguantar más.

Dolores y su ex esposo Jesse son ambos de México. Fueron novios por dos años antes de venir a Estados Unidos, y un año después de emigrar, se casaron. Dolores dice que desde el principio del matrimonio, Jesse empezó a golpearla. "Siempre que me golpeaba", según dice ella, "yo pensaba que era mi culpa". Temía decirle algo a Jesse o contarle a otra persona lo que estaba ocurriendo. Jamás consideró acudir a las autoridades debido a que era indocumentada y tenía mucho temor a ser deportada. Para colmo de males, por estar recién llegada a este país no tenía familia ni amistades a quien recurrir en busca de apoyo moral.

Trabajaba durante el día mientras la tía de Jesse le cuidaba a su bebé. Uno de los peores incidentes ocurrió una noche después de la cena. Todo empezó con una agitada discusión sobre la manera en que cocina Dolores.

> *Me iba a trabajar, regresaba a casa, cocinaba, y servía la comida a mi esposo y a su tía. Pero él siempre se quejaba de mi forma de cocinar; estaba enojado porque había utilizado vegetales enlatados en lugar de frescos. Él quería todo fresco. No entendía que yo no tenía tiempo para ir a comprarlos todas las noches, debido a que estaba trabajando y tenía que ir a casa apresurada para preparar la cena a tiempo. En fin, empezó a gritarme por los vegetales, y empecé a llorar. Su tía estaba sentada ahí, pero claro no decía nada. Mientras él seguía gritándome, me levanté y me fui a la recámara y cerré la puerta. Ahí fue cuando entró al cuarto y empezó a golpearme con el cable de la televisión y un pedazo de metal. Le dije que me estaba haciendo daño y que dejara de pegarme, pero siguió golpeándome, gritando que debería pedirle perdón a su tía, por ser tan grosera y haber abandonado la mesa. Me forzó a que me arrodillara y le pidiera perdón por haberle faltado al respeto a su tía.*

En otro incidente posterior, el cual ocurrió cuando Dolores estaba embarazada de su hija, Jesse regresó borracho a casa después de haber ido a ver una pelea de box en casa de su hermano. Recuerda que siempre llegaba violento al regresar de tales eventos. Cualquier cosa que dijera podría disparar su ira, y comúnmente inventaba alguna excusa para empezar a golpearla y patearla. Esa noche, ella sólo le preguntó dónde había estado, y Jesse empezó a darle patadas en el estómago.

En otra ocasión, la ira de Jesse —sin provocación alguna— dio paso a los reproches, y acto seguido la golpeó en el cuello y espalda. Acudió a una clínica y le comentó al doctor lo que estaba pasando en casa.

> *El doctor me dijo que necesitaba denunciar a mi esposo, pero yo no quería porque todavía tenía miedo de que debido a mi estatus migratorio, podría perder a mis hijos. Creía que por mi situación legal podrían deportarme sin ellos, porque al haber nacido aquí, tendrían que quedarse. El doctor me explicó que no iba a perder a mis hijos. En esta clínica, las enfermeras me hicieron ver que la próxima vez podría ser peor. Es verdad que me había hecho bastante daño. Me pegó en la espalda y el cuello, y estaba sangrando. Con todo y eso, no le mostré mi espalda al doctor, sólo el cuello.*

Las golpizas desaparecieron, pero no la ira, el abuso verbal, ni las humillaciones. Había sobrevivido años de abuso, y ya estaba harta. A medida que comenzó a pensar seriamente en dejar a Jesse, Dolores enfrentó un alud de temores comunes.

> *Quería dejarlo, pero él y su familia me estaban vigilando siempre. Él también llamaba a mis padres y les decía que yo me ausentaba y que jamás sabía adónde iba. De hecho, mi hijo me decía que su papá a veces no iba a trabajar para espiarme. ¡A veces hasta se subía al techo de la casa o se metía en el ropero, sólo para vigilarme! Mi hijo temía por mi vida. Además, sentía mucho miedo porque era indocumentada y no tenía suficiente dinero y no sabía cómo vivir por mi cuenta. Así que me dije, 'voy a esperar hasta que tenga mis documentos para poder conseguir una licencia de manejar. Aprenderé inglés, y luego me iré'. Para una mujer en México, la familia es muy importante y la Iglesia Católica dice que uno tiene que tolerar a su esposo sea lo que sea. No quería decirle nada a mi familia, porque son muy católicos y creen que hay que conservar el matrimonio, pase lo que pase.*

Temor a represalias, ir en contra de su religión, distanciamiento familiar, y no poder sobrevivir económicamente por cuenta propia: Dolores tenía que enfrentar éstos y otros temores antes de llevar a cabo su decisión final. Mientras tanto, empezó a planificar la vida que quería tener una vez que estuviera libre del control y la violencia de Jesse. Quería ir al colegio, conseguir un mejor empleo, y crear un futuro más esperanzador para sus hijos. Pero de nuevo enfrentó las amenazas de su esposo como también las de su suegra.

> *Mi esposo me dijo que no podía ir al colegio. Su excusa era que estaba muy lejos. Pero luego me amenazaba. Era muy violento; tomaba y me acusaba de infidelidad. Y mi suegra me criticaba y me decía que no traicionara a su hijo, que si iba a la escuela conocería a otra persona. Pero no había motivo para esas sospechas. Yo jamás lo traicioné, jamás le fui infiel. Yo ni tenía amigos varones y pocas amigas, porque Jesse era tan celoso.*

Finalmente, Dolores decidió que ya había aguantado suficiente. Ya no podía posponer más su futuro. Se preguntó: "¿Cómo quiero que continúe mi vida de ahora en adelante?" Quería volver a ser ella misma, sin que Jesse con su ira y violencia, la controlara y amenazara. Finalmente estaba preparada para depender de sí misma.

> *Fueron quince años de ser abusada, y eso fue demasiado. Un día desperté, me armé de valor, y enfrenté al monstruo que no me permitía ser yo misma. Quería ir al colegio, pero él no lo permitía. Ahora no le permitiría que se interpusiera en el camino de lograr mis sueños. Trató de quitarme a los niños, y hasta me mostró un documento que decía que le darían a él la patria potestad. Pero caí en la cuenta que era mentira, porque no había manera de que legalmente pudiera hacerlo. Ese fin de semana me golpeó otra vez. El lunes, mi hijo me dijo que tenía miedo de que su papá me fuera a hacer daño. Me hizo pensar en mí y en mis hijos, y finalmente llamé a la policía. Obtuvimos una orden de protección y empezamos a vivir nuestras vidas aparte.*
>
> *Estaba siguiendo mi plan de ya no vivir bajo esa presión. Conocí a un terapeuta que me ayudó a acercarme más a mis metas. Ahora tengo el objetivo de estudiar y trabajar para mis hijos, porque no voy a tolerar que vivan en un ambiente violento. Es cierto que no tienen a su padre —aunque él los visita—, pero ahora todo es diferente. Están conmigo en un mundo sin violencia.*

Pareciera como si de la noche a la mañana, Dolores hubiera creado una nueva vida. Por supuesto que no pasó así. Por años, ella había estado planeando hacer cambios, pero tenía que superar un número de temores muy reales. Armarse de valor y poner en acción sus planes que le salvarían la vida tomó tiempo. Cuando finalmente decidió dejar la relación abusiva, recibió asistencia de un especialista que ayudó a Dolores a hacer la transición hacia su nueva vida.

> *Para poder recuperarme de la relación con Jesse, tuve que recibir terapia. Hablé de mis problemas, y me escucharon y comprendieron. Aprendí técnicas de relajamiento y ejercicios de meditación. Ahora asisto al colegio para llegar a ser maestra, y tengo un propósito en la vida. Mis hijos están felices también, mientras que antes me preguntaban '¿por qué nací?'. Mi hija no pasa tiempo con su padre porque le tiene miedo a sus estados de ánimo. Pero está feliz conmigo y con su hermano. En mi meditación, le hablo a Dios y doy gracias por el buen empleo que tengo, y por mis hijos. Le pido fuerza para continuar siendo una buena madre y tener paciencia para educarlos. Los domingos voy a misa, pero no me involucro mucho con la iglesia, porque comprendo que el divorcio es considerado un pecado. No estoy de acuerdo.*

Aquí quiero agregar que ningún sacerdote, pastor, rabino o imam le aconsejaría permanecer en una relación de abuso y maltrato. Aunque el divorcio no es aceptado en algunas religiones, no existe una que le aconseje someterse al abuso o la violencia. Eso sería una completa contradicción a cualquier palabra de amor que dieran los grandes líderes espirituales del mundo. Aún así, Dolores ha tenido que enfrentar la condena de los miembros de su familia por haber dejado a su esposo. Me cuenta que su madre se avergüenza de ella por haberse divorciado. De hecho, su mamá le dijo que jamás le diga a nadie del divorcio cuando vaya de visita a México. Pero Dolores no se avergüenza; se siente orgullosa de haber tenido el valor suficiente para superar sus temores y empezar una nueva vida.

> *El mensaje de mi mamá y de la iglesia es que el matrimonio es sagrado, y debe conservarse a costa de lo que sea. Es cierto que todo matrimonio tiene problemas, y a veces puede uno superarlos y empezar de nuevo. Pero no cuando hay violencia. Eso no es amor.*

Ejercicio de visualización de la *atrevida*— Enfrentar temores

Este ejercicio de visualización le ayudará a enfrentar sus temores de una manera relajada y le brindará fuerzas para hacerlo. Un solo ejercicio no podrá erradicar los temores de apartarse de una relación abusiva y cambiar su vida. Como lo hemos dicho, sus temores se basan en conflictos verdaderamente reales, los cuales generalmente requieren tiempo para resolverse. Sin embargo, tiene la habilidad de sacar provecho de su propia fuente de valentía, y este ejercicio la puede ayudar.

Tal vez quiera grabar lo siguiente en un CD para poder escucharlo cuando lo desea. La repetición del ejercicio con regularidad fortalecerá la confianza en sí misma como atrevida y le ayudará a cobrar el valor para hacer cambios saludables y positivos en su vida. Este es el ejercicio:

➤ Vaya a un sitio silencioso donde nadie la interrumpa. Siéntese o acuéstese en la cama, el sofá o el piso. Cierre los ojos y haga respiraciones lentas pero profundas. Inhale y exhale lenta y calmadamente hasta que sienta su mente y cuerpo relajándose.

➤ Ahora piense en un ambiente pacífico donde se sienta segura y tranquila. Podría ser un lugar verdadero o imaginario. Lo importante es que el lugar la haga sentir calmada y relajada.

➤ Acomódese en este sitio. Ahora está ahí y se siente muy segura y cómoda. Está feliz de encontrarse en este ambiente acogedor y tranquilo, lejos de sus miedos y relaciones. Aprecia —con todos sus sentidos— la belleza de este ambiente seguro. Tal vez le agraden los aromas con fragrancia, la brisa refrescante, la calidez del sol, la ligera lluvia en su rostro, los sonidos tranquilos de los pájaros, los agradables colores que le rodean. Ahora está en un ambiente completamente placentero y cómodo.

➤ Ahora piense en uno de sus miedos en particular, relacionado al cambio de vida y a la separación de su pareja abusiva; por ejemplo, piense en el temor a estar sola o a la represalia física. Recuerde cómo se sintió la última vez que experimentó este miedo. Vaya más allá de sólo recordarlo y realmente intente revivirlo en su mente. Visualice todos los sentimientos negativos que le provoca este miedo. Ponga atención a cómo se siente su cuerpo y mente ahora.

➤ Fabrique una imagen mental que simbolice ese miedo. La imagen puede ser un objeto, animal o personaje ficticio —cualquier cosa que represente con exactitud ese temor—.

➤ Observe con mucho cuidado esta imagen para familiarizarse con cada una de sus características. Realmente puede ver esta imagen de miedo tan claramente que hasta directamente le puede hablar.

➤ Pregúntele: "¿Por qué estás en mi mente? ¿Cuál es tu razón de existir dentro de mí? ¿De qué tipo de peligro me quieres proteger?" Este símbolo de su miedo ahora le responderá. Tómese tiempo para escuchar la respuesta que le dará.

➤ Dese cuenta que la intención del miedo es protegerla de futuros daños. Pero a veces nos puede perjudicar. Ahora reconoce su presencia, pero le dice al miedo que tiene la capacidad de vivir una vida segura, de protegerse a sí misma sin paralizarse, y por consiguiente, ya no necesita esa presencia en su mente. Lo despide, agradeciéndole al miedo su buena intención.

➤ Ahora regrese al ambiente reconfortante que ha creado en su mente. Note que se siente segura y en paz. Tome en cuenta que esta seguridad y paz están dentro de usted, y que puede llevar seguridad y tranquilidad a dondequiera que vaya.

➤ Dígale adiós al símbolo del miedo y suéltelo.

➤ El símbolo se va desvaneciendo y usted está feliz que la dejó. Ahora sabe que la seguridad y la paz que recién ha creado es totalmente suya. Le acompañará hoy y siempre, porque ahora tiene una mayor conciencia de quién es usted, de lo que es capaz, y un sentido más realista de lo que representa el miedo.

➤ Abra los ojos y lentamente regrese adonde estaba en la habitación. Concéntrese en la respiración, y en cada parte de su cuerpo, sintiéndolo lleno de vida. Conserve viva la paz y seguridad que ha creado dentro de su propio ser. Son suyos para convocarlos en el momento que los necesite.

Imagínese la valentía

No quisiera que de este capítulo le quede la idea de que transformarse a sí misma en una persona que no tolerará la violencia, es una cuestión sencilla. No lo es. Adquirir el valor para cambiar su vida no ocurre como por arte de magia después de hacer unos cuantos ejercicios en este manual. Sin embargo, a medida que lea las historias de mujeres como usted, que han pasado por lo que está atravesando y que a pesar de todo han logrado lo que usted se propone, espero que se sienta inspirada y motivada. Y espero que su valentía aumente a medida que considere la fortaleza que ya lleva dentro, incluyendo la fuerza de una *atrevida*.

Tal vez se le ha hecho difícil imaginarse a usted misma como una mujer valerosa, pero estoy segura de que ha actuado valientemente durante toda su vida, aunque no haya reconocido sus acciones en ese momento o ni siquiera las recuerde. Me gustaría que se imaginara esos momentos en su vida, ya sea en la niñez o como adulto, cuando enfrentó el temor y respondió con valentía. Quizás fue al saltar en la parte más profunda de la piscina o cuando anduvo en bicicleta por primera vez; cuando participó en una marcha de protesta o se mudó a una nueva ciudad; o cuando aceptó un empleo en el que no creía que iba a destacar, pero triunfó.

A medida que considera cambiar su vida y juntar valor para lograrlo, imagínese lo que no creyó poder hacer antes, y sin embargo hizo. Ese perfil de persona valerosa le servirá para motivarla e impulsarla.

Capítulo 5

Habilidad Comunicativa de la Comadre
para comunicarse con quienes pueden ayudarle

*S*omos muy afortunadas de ser latinas, y sabemos lo que significa ser *comadre*.

"Más allá de una simple amiga, la comadre es mi familia espiritual". Como comadres, asumimos el papel de hermana, aliada, tía, consejera, prima, mentora, defensora y confidente. Nos apoyamos mutuamente —venga de donde venga— prestándonos apoyo en la forma que podamos. Este apoyo puede ser práctico o emocional, o ambos. Dar ayuda a un vecino enfermo, participar en un proyecto comunitario, cuidar niños, o simplemente escuchar el problema de una amiga.

No podemos subestimar la fuerza que encontramos con las conexiones de nuestra *comadre*. Los estrechos vínculos ayudan a que seamos mejores. Y lo maravilloso de la relación *comadre* es que fluye de varias formas. El espíritu de "comadrear" no sólo significa el apoyo recíproco que recibe de una o más mujeres, sino la ayuda que le ofrecerá a otras que lo requieran. Necesitamos establecer y valorar estas relaciones mutuas que cultivamos, ya que serán un valioso apoyo en el transcurso de nuestras vidas.

Rigoberta Menchú, activista guatemalteca y premio Nobel de la Paz, recientemente se presentó en la Universidad Chapman de California y nos conmovió hablando de la importancia de pedir ayuda a los demás.

> Mi abuela me dijo que si yo me siento bien en mi interior, entonces iluminaré a mis semejantes. Pero si me siento mal internamente, que busque a alguien que tenga esa luz para que pueda ayudarme. Por mucho tiempo necesité la ayuda de otros, y necesité pedirla: '¿Cómo puedo resolver este problema? Deme su opinión, ¿qué haría usted en mi lugar?' Escuché muchas opiniones, y comprendí que no podemos vivir sin los demás, porque es con la ayuda de nuestros semejantes que podemos tomar una buena decisión.[1]

Desafortunadamente, a las mujeres que son víctimas de abuso doméstico a menudo les resulta difícil pedir ayuda de sus potenciales *comadres*, debido a la influencia de la relación abusiva que viven. Dado que los hombres abusivos necesitan levantar su auto estima controlando a sus parejas, generalmente le prohíben a su novia o esposa hacer amistades, inclusive con otras mujeres. De esta manera, el hombre mantiene el control y la mujer queda intimidada y aislada. Si su pareja ha logrado alejarla de su familia y amigos —como a millones de otras víctimas de abuso intrafamiliar— tendrá que superar este obstáculo que es común, pero bastante difícil. Tendrá que enfrentar sus miedos para así terminar con su aislamiento, y vencer la vergüenza de contarle su problema a otras personas. Para eso debe hacer el esfuerzo de recurrir a sus *comadres*.

Tomar la iniciativa de pedir ayuda para romper el ciclo de abuso, es una de las claves para cambiar su vida. Sus comadres pueden auxiliarle; muchas han pasado por lo mismo y están dispuestas a escuchar su historia y aconsejarla sobre los pasos a seguir. Grupos de apoyo y consejeros confiables también pueden ser parte crucial de esa red *comadre* de comunicación. Explicaremos sobre cómo usted puede participar en esas relaciones, pero primero hablemos de lo que probablemente frena su impulso de liberarse del aislamiento y tomar la iniciativa de comunicarse con sus comadres.

Enfrentando las motivos de su aislamiento

Usted probablemente está consciente de cómo su pareja abusadora logró mantenerla aislada de amistades y familiares. Aún así, es muy probable que este proceso haya sido gradual, por lo que podría ser difícil recordar exactamente cómo comenzó. Cuando empezó la relación con su pareja, posiblemente se reunían con regularidad con parientes y amistades. Tal vez, frecuentaban a otras parejas. Pero al transcurrir el tiempo empezaron a surgir motivos que hicieron menos frecuentes esas reuniones. Posiblemente al principio aparentaba que todo estaba bien, y al reunirse con sus amistades quizás daba excusas por el ojo morado o las marcas en su brazo, tales como "soy muy torpe, me golpeé contra la pared al bajarme de la cama". Más adelante, tal vez le dio vergüenza volver a llegar a una fiesta con moretones, o posiblemente estaba tan disgustada por otro incidente violento que ya no quiso seguir disimulando, y cancelaba hasta los planes para ir a tomar un café con una amiga.

Quizás no había violencia física, pero las humillaciones y amenazas que usted recibía frente a sus amistades o familiares, pudieron haberla motivado a alejarse. Sabiendo que otros ya se habían dado cuenta de la dinámica abusiva de su relación, posiblemente llegó al grado de abstenerse completamente de asistir a reuniones sociales.

Mientras tanto, su pareja fue ejerciendo más control. Posiblemente consideraba que usted comentaría sus arranques de violencia con amistades o familiares, y quizás por eso le prohibía verlos. Tal vez criticaba a sus amistades o insistía en que estaba celoso del tiempo que le dedicaba a los suyos. Las conversaciones con él pudieron parecerse a esto:

Él: No me explico que les ves a tus tales amigas. Son unas putillas estúpidas que no hacen nada mejor que estar sentadotas hablando de los demás.

Ella: No son estúpidas ni tampoco putillas. Son mis amigas. Las extraño.

Él: No necesitas verlas. Yo soy el único amigo que necesitas. De hecho, yo soy tu mejor amigo.

Ella: Pero tampoco hemos vuelto a ver a mi familia. Rechacé tantas veces las invitaciones de mi mamá a cenar que ya piensa que no queremos ser parte de la familia.

Él: Yo soy tu familia. Yo soy tu esposo. Me debes prestar más atención que a ellos. Ya no eres una niña que tiene que ir corriendo con su mamita o su papito.

Mantenerla aislada del mundo exterior y de la gente que la quiere, permite a su pareja abusiva asegurarse de que nadie cuestione lo que pasa en su casa. Sabe que podría perderla si usted cuenta a otras personas lo que está pasando, particularmente a la gente que la quiere y busca lo mejor para usted. La necesita para aumentar su propio autoestima ineficiente. Un golpeador es alguien que no sólo tiene una imagen muy pobre de sí mismo (con frecuencia camuflado detrás de una personalidad de bravucón), sino que además es un tipo que no puede controlar sus emociones. Aun así, él sabe cómo controlar a la persona que maltrata y la mantiene aislada.

Necesita acercarse a sus comadres para poder librarse del encierro que le ha impuesto su pareja. Después de meses, quizás años, de sentir miedo y vergüenza de contarle la verdad a otra persona, cuando usted se acerque a alguien de confianza, habrá abierto la puerta hacia una vida mejor. Sus comadres estarán allí para ayudarle, pero primero necesita enfrentar la vergüenza. Y los siguientes pasos pueden servirle.

Enfrentando la vergüenza

Yo creo que el motivo principal por el que las mujeres víctimas de abuso pueden sentir vergüenza, es porque piensan que de alguna manera han fracasado. Podrían culparse a sí mismas por permanecer en una relación que otras personas no aceptarían. Muchas pondrían el grito al cielo diciendo "¡yo lo dejo en el mismo momento en que trate de ponerme una mano encima!", tanto quienes proceden de familias con violencia doméstica como aquellos que no conocieron el abuso. De manera que como víctima de violencia intrafamiliar, podría pensar que haber permanecido con una pareja abusiva va en contra de lo que se espera de usted. Incluso podría suponer que sus amistades y familiares tendrían una mala impresión de usted por permitir ese abuso.

Las víctimas de abuso intrafamiliar jamás tienen la culpa, pero eso no impide que igualmente las mujeres sientan culpabilidad. Si este motivo le impide hablar con una amiga, pariente cercano, consejero o grupo de apoyo, debería concentrarse más en esos sentimientos de vergüenza para comprenderse más claramente.

Utilizando las siguientes palabras claves como punto de partida, anote los sentimientos que le genera la violencia doméstica:

- Bochorno
- Humillación
- Vergüenza
- Desgracia
- Fracaso
- Abandono
- Desprecio
- Deshonra

¿Por qué me siento avergonzada?

_____
_____
_____
_____
_____
_____

¿Qué sentiría si una amiga o una comadre viniera a contarle que ha sido maltratada por su esposo o novio? ¿Se avergonzaría de ella? ¿O le abriría el corazón y trataría de comprender lo que le está pasando? Si ella le contara que se siente avergonzada de sí misma por permitir el abuso, ¿que le diría? En el siguiente espacio anote lo que le señalaría a su amiga.

Si mi amiga me contara que siente vergüenza
porque la maltratan, yo le diría...

_____
_____
_____
_____
_____
_____
_____
_____

¿Puede sentir por usted la misma compasión que sentiría por una amiga que enfrenta problemas? En otras palabras, ¿podría usted convertirse en su propia mejor amiga? Con todo lo que en estos momentos está atravesando, no necesita castigarse con sentimientos de vergüenza. El hecho de que esté leyendo este libro y luchando por una mejor vida, significa que quiere recuperar su dignidad, ¡y eso no es motivo de vergüenza!

En la siguiente sección hablaremos de la confianza, una cualidad esencial en una comadre. Mientras tanto, es posible que usted se sienta abandonada y que no tenga en quien confiar para que le ayude con su crisis actual. Pero recuerde a la gente que estuvo dispuesta a ayudarla en el pasado, y eso le renovara su capacidad de confiar en los demás.

¿En quién confía?—Una cronología personal

Una comadre es alguien en quien usted puede confiar incondicionalmente; alguien que no la traicionará, que de corazón vela por su bien, y siempre está ahí para usted. Confiar en el prójimo no es tan fácil cuando uno se encuentra en una relación abusiva, en la cual la pareja regularmente le impide que alterne libremente con otras personas. Pudo haber aprendido durante el transcurso de su relación —y quizás desde antes con su familia de origen— que puede traerle consecuencias peligrosas el depositar su fe en alguien a quien ama. Pero, aunque le cueste recordar en este momento, quizás hubo gente en quien confió en el pasado. Y tal vez haya otras personas en las cuales pueda confiar en el futuro, si pide ayuda.

Dese un momento para pensar en las personas de su infancia o adolescencia en quienes pudo confiar; podrían ser sus abuelos, una maestra, una amiga de su niñez o una prima. En la crónica siguiente, escriba sus nombres en la columna de "Niñez/Adolescencia". Enseguida, tome en cuenta a las personas de su pasado, a quienes consideró confiables, y escriba sus nombres en la columna "Pasado"; podría ser quizás una compañera de trabajo o colegio. En cuanto a las personas en su vida presente, ¿quiénes son confiables para usted?

¿Hay comadres con las que conversa sobre sus problemas serios más recientes, quienes ahora son dignas de confianza? Anote esos nombres en la columna de "Presente". Y finalmente piense en las mujeres que conoce en la actualidad y en quienes podría confiar si les diera oportunidad. Escriba sus nombres en la columna de "Futuro".

Una vez que haya llenado el siguiente ejercicio, tendrá una idea más clara y personalizada de su *Cronología de gente confiable"*. Incluyo algunos ejemplos.

Cronología de gente confiable

Niñez/Adolescencia	Pasado	Presente	Futuro
Hermana mayor	compañera de cuarto	Hermana mayor	vecina
Abuela	compañera de trabajo	nadie más	amiga de la iglesia
_____	_____	_____	_____
_____	_____	_____	_____
_____	_____	_____	_____
_____	_____	_____	_____
_____	_____	_____	_____
_____	_____	_____	_____

¿Se le hizo difícil anotar gente en la columna "Presente"? Si la respuesta es "sí", tal vez se deba a que su pareja se las ha ingeniado para mantenerla exageradamente aislada de su familia y amistades, o por falta de confianza —o ambos—. Los hombres abusivos lo hacen debido a que esto les permite controlar a las mujeres que maltratan y por consiguiente perpetúan el ciclo del abuso. Posiblemente a su novio o esposo le dan tantos celos, que a la menor muestra de atención que usted manifiesta por otra persona, inmediatamente le prohíbe dedicarle tiempo o hablarle por teléfono. Quizás la amenaza, o se pone violento cuando se entera que almorzó o tomó café con su hermana, su ex compañera de cuarto, o amiga.

La importancia de crear su propia red de comadres es que le abre la posibilidad de romper el aislamiento impuesto y buscar apoyo en quienes usted confía. Algunas de estas comadres pudieron haber sufrido abuso doméstico, o posiblemente en el pasado tuvieron éxito en terminar con una relación abusiva. O quizás simplemente son mujeres fuertes y de confianza, que estarán ahí para escucharla y apoyarla en lo que usted decida hacer. La realidad es que usted necesita apoyo emocional y consejo práctico de sus comadres. Así que estudie su *Cronología de gente confiable* y analice cuál de esas personas podría llegar a integrar su valiosa red de comadres.

Cualidades de las comadres

A estas alturas podría preguntarse: "¿Por qué limitar mi red de apoyo a sólo mujeres? Hay gente confiable en mi vida que son hombres —mi hermano, padre, vecino, o amigo de trabajo"—. Jamás le sugeriría no pedir apoyo a los hombres de confianza en su vida. Hay, sin embargo, algo único y beneficioso que proviene del apoyo emocional y práctico de otras mujeres. Generalmente una se siente más apoyada por otras mujeres, particularmente cuando se vive una crisis que aflige a las mujeres. Como sobreviviente de abuso doméstico se inclinará más por abrir su corazón a otra mujer que a un hombre, pese a que él tenga muy buenas intenciones. Y si esa otra mujer ha pasado por lo mismo que usted, será mucho mejor compartir con ella su historia y buscar consejo.

El motivo por el cual las amistades de comadres son tan poderosas, es que como latinas, nuestra inclinación natural es trabajar juntas y ayudarnos mutuamente, tanto sea que la meta se trate de solucionar un problema personal, como terminar un proyecto comunitario, o cumplir con una necesidad de la sociedad. En cualquier momento que nuestra familia o nuestros vecindarios necesiten ayuda, nosotros tenemos una mano amiga y nos la ingeniamos para hacer las cosas en equipo. No lo pensamos dos veces para recurrir a nuestros contactos femeninos cercanos —amigas, parientes, vecinas, miembros de la iglesia—. Las comadres de la red son nuestros recursos personales, tanto o más importantes que nuestras pertenencias o habilidades.

Dado que las comadres son tan importantes —particularmente para sobrevivientes de abuso intrafamiliar— ¿cómo reconocemos las cualidades que debe tener una comadre? Ya hemos hablado de que una comadre tiene que inspirarnos confianza. Aquí tiene algunas características adicionales que también son cruciales:

- Respetuosa
- Dispuesta a apoyar
- Atenta a escuchar
- Emocionalmente estable
- Centrada y práctica

Es importante que una posible comadre le tenga respeto y crea en usted cuando le cuente lo que está sucediendo en su relación. No necesita que asuma el papel de "abogado del diablo", analizando sus defectos, o que justifique la actitud de su pareja. No existe un "lado" justificable en el abuso. Si la amenazan o lastiman, eso está muy mal, y punto.

El cuidado y apoyo son importantes porque usted, como víctima de abuso doméstico, ha permanecido atada a una pareja que carece de estas cualidades. Necesita acercarse a personas que la escuchen con atención y respeten sus sentimientos, y que honestamente les importe su bienestar y deseen lo mismo que usted busca. Algunas amigas podrían ser bien intencionadas, pero quizás no sean capaces de ver con objetividad la situación que usted vive, por sus propias necesidades y frustraciones. En vez de asistirle, podrían proyectar los problemas de ellas en usted, o ver los de usted en relación a los de ellas. En este momento, usted no necesita complicarse la vida con los conflictos de una amiga. Lo que necesita de una comadre es que se concentre únicamente en usted y que de corazón vele por su bienestar.

Es igualmente importante que sus comadres demuestren estabilidad emocional. Indudablemente, usted ha pasado por una etapa caótica en la que se perdieron los estribos, y hubo palabras hirientes que pudieron dar curso a la violencia. No necesita más estrés ni emociones desenfrenadas; lo que necesita es gente que pueda identificarse con usted de una manera calmada y tranquila.

Finalmente, deben ser razonables y prácticas, debido a que sus comadres le van a ayudar objetivamente a encontrar soluciones útiles.

Su apoyo y consejo práctico serán invaluables para para planear su despedida de una relación abusiva.

¿Cuáles son las cualidades que busca en una comadre? En este momento, ¿qué es lo que más valoraría de una amiga? Piense en el tipo de persona que querría tener de su lado mientras enfrenta la crisis. Dedique un momento para escribir la descripción de esa persona, o grupo de personas. Quizás le interese alguien que la reconforte, y la haga sentir incondicionalmente querida. Tal vez añora a alguien sensible, que la escuche con atención, que no la interrumpa con prejuicios o teorías. O tal vez necesite a otra persona que le ayude a organizar sus ideas para cristalizarlas en un plan factible, y así salir de la situación de abuso y maltrato en la que se encuentra atrapada. A continuación abrimos un espacio para que escriba lo que más desea de sus comadres frente a su crisis de maltrato y/o violencia.

Lo que más deseo de mis comadres:

_____
_____
_____
_____
_____
_____
_____
_____
_____
_____
_____

Recurra individualmente a sus comadres

Ya identificó el tipo de mujeres que querría como comadres, así como también las mujeres de su pasado, presente y futuro que podrían formar parte de su "red comadre". Ahora es momento de recurrir a ellas para que le ayuden. Si es como muchas sobrevivientes de abuso doméstico con quienes yo he trabajado, podría estar renuente de acercarse a la posible comadre. Quizás tenga miedo de que se entere su esposo o novio, o tema que una vez que revele su secreto a otras personas, la situación se torne más real y la obligue a actuar. O simplemente no sabe cómo recurrir a esas mujeres que podrían darle el apoyo necesario.

Va a resultarle útil ensayar lo que les dirá a esas comadres a quienes les pedirá apoyo. Aquí abajo encontrará una muestra de cómo podría pedir ayuda. Después de leerla, escriba su propio "guión" con naturalidad.

Muestra—Cómo pedir ayuda a la comadre

Hola María. Por algún tiempo he deseado hablar contigo sobre un grave problema que estoy pasando. Recurro a ti porque te conozco y eres de mi confianza. Mi relación con 'fulano de tal' ha estado causándome mucha angustia; necesito a alguien con quien hablar de esto. Sé que eres una persona que escucha con atención y me aprecia de corazón. ¿Podríamos reunirnos pronto?

Lo que piensa decirle a la comadre:

_____

_____

_____

_____

_____

Una respuesta natural de las mujeres hacia el estrés

Nuestra constitución biológica podría explicar el motivo por el cual necesitamos apoyo de nuestras comadres cuando vivimos una crisis. Un reciente estudio de investigadores de UCLA reveló que las mujeres segregan más de la hormona oxitocina cuando les aflige el estrés. Los animales y las personas con altos niveles de oxitocina están más calmados, relajados, son más sociables y tienen menos ansiedad. Aunque la oxitocina es segregada tanto por los hombres como las mujeres, sus efectos son más evidentes en las mujeres. Gracias a los efectos de esta hormona, buscamos naturalmente la compañía de otras mujeres cuando estamos bajo tensión emocional, porque al estar con ellas producimos más de esta hormona que nos calma y ayuda a reducir el estrés.

De acuerdo a este estudio de UCLA, este tipo de reacción hormonal frente al estrés es más típico en las mujeres, mientras que los hombres tienden a luchar o huir frente al estrés. Shelley E. Taylor, directora de la investigación en UCLA, explica que "es más probable que las mujeres enfrenten el estrés con un comportamiento de "protección e integración", cuidando a sus hijos o buscando contacto social, especialmente con otras mujeres."[2]

En pocas palabras, nuestra propia biología femenina determina que deberíamos pedir ayuda y consolarnos con nuestras comadres cuando estamos en momentos difíciles. ¡Recuérdelo!

Recurriendo a grupos de apoyo

Recurrir a otras mujeres que han vivido violencia en el hogar, puede ser un acto definitivamente importante y hasta de salvación. El espíritu de confianza, la protección y el apoyo de la comadre, cunden en grupos de mujeres que viven el dolor del maltrato y de la violencia. Si nunca antes ha sido parte de un grupo de apoyo, podría tener dudas de recurrir a uno. Podría preocuparle y darle vergüenza compartir su información personal con desconocidas, o quizás se le dificulte hablar ante un grupo. Podría ser que su mayor preocupación fuera que su pareja se entere de que le cuenta a extraños los hechos que acontecen en su hogar. Cualquiera que sea el motivo de su renuencia, por favor, sepa que los beneficios de pertenecer a un grupo de apoyo superan los riesgos. Recurrir a un grupo de mujeres que se encuentran en la misma situación penosa, le ayudará a darse cuenta de que no está sola; fortalecerá la confianza en usted misma, y le ayudará a comprometerse a hacer lo necesario para crear una vida sin violencia. Pero además, quienes facilitan tales grupos le proveerán con las herramientas psicológicas, legales y prácticas para elegir el mejor camino.

¿Cómo seleccionar un grupo de apoyo? Las mismas cualidades positivas que escribió en el ejercicio anterior también le servirán para encontrar miembros del grupo de apoyo en el que decida participar. Y aunque no todos en el grupo llegarían a ser sus mejores amigos en circunstancias normales, cada uno está ahí porque, al igual que usted, necesita apoyo en este momento. La necesidad mutua y compartir sus historias, fomentarán el apoyo para todos los miembros. No hay nada mejor que saber que todas están entendiendo su situación —porque todas están pasando por algo semejante—.

Más adelante encontrará una lista de organizaciones que le asistirán en la búsqueda de un grupo de apoyo adecuado en su área. Antes de continuar, quiero que marque cualquiera de sus dudas o el rechazo que pueda tener con respecto a participar en un grupo de apoyo. Además hay espacio para que escriba cualquiera de sus preocupaciones que no aparecen en la lista. Posteriormente, marque lo que espera lograr al participar en un grupo de apoyo; uno cuyo espíritu de "comadrería" le asista a enfrentar su crisis actual. Nuevamente le repito que después de marcar la lista, usted cuenta con espacio para agregar otros propósitos.

Lo que me preocupa si participo en un grupo de apoyo
(Marque los que aplican)

___ Tengo miedo de que estaré muy cohibida para hablar en el grupo.
___ Temo avergonzarme de hablar de mi relación frente a extraños.
___ Siento temor de que mi esposo/novio se entere que participo en un grupo de apoyo y que tome represalias contra mí.
___ Me preocupa que otra gente se entere, me desapruebe y me critique por participar en un grupo de apoyo.
___ Me inquieta que el grupo me empuje a divorciarme.
___ Temo que el grupo me convenza de permanecer casada.
___ Me inquieta pensar que las personas del grupo me critiquen o que provoque lástima.
___ Me preocupa pensar que alguien pudiera llamar a la policía.

Mis otras preocupaciones o dudas
de participar en un grupo de apoyo

_____
_____
_____
_____
_____
_____
_____
_____

Lo que espero lograr al participar en el grupo de apoyo
(Marque las que aplican)

___ Oportunidad de contar mi historia a mujeres que entenderán lo que me está pasando.
___ Ideas de cómo manejar mi situación mientras decido lo que haré.
___ Oportunidad de obtener información valiosa sobre mis opciones.
___ Aprender cómo otras mujeres están manejando situaciones similares.
___ Conocer a alguien que me dé apoyo moral en el futuro.
___ Desarrollar un sentido personal de poder en contra de la violencia doméstica y el abuso.
___ Tranquilidad de saber que ya no tengo que ocultar mis experiencias de malos tratos.

¿Qué otras cosas espero lograr de un grupo de apoyo?

_____
_____
_____
_____
_____
_____
_____
_____
_____
_____

Localizando a un grupo de apoyo

Con la excepción de la última organización en la lista de abajo, que sirve a los condados de Los Ángeles, Riverside y Orange en California, las siguientes son organizaciones nacionales que pueden ayudarle a encontrar un grupo de apoyo de sobrevivientes de abuso intrafamiliar en su área. Si le preocupa que su pareja se entere de lo que está investigando en la computadora, vaya a su biblioteca local, un Kinko's cercano, o un Café Internet para utilizar una computadora pública.

La Alianza Latina Nacional para Eliminar la Violencia Doméstica:
www.dvalianza.org; 505-224-9080
- Alianza es una organización que lucha para la eliminación de la violencia doméstica dentro de la comunidad latina. Su sitio Web, disponible en español e inglés, contiene información sobre recursos para víctimas, y también cuenta con una sección para historias de sobrevivientes.

Línea Directa Nacional de Violencia Doméstica:
www.ndvh.org; 1(800) 799-SAFE
Comuníquese con la NDVH (siglas en inglés) por teléfono o correo electrónico para encontrar un grupo de apoyo o albergue en su area. Los servicios de la línea directa incluyen:
- Intervención de crisis, planificación de seguridad, información sobre violencia doméstica y referencias a proveedores de servicios
- Comunicación directa a recursos de violencia doméstica disponibles en su área, ofrecidos por un trabajador/a de la línea de asistencia.
- Asistencia en español e inglés

Número de Teléfono: 211
Número nacional de acceso a servicios humanos y de salud

Casa de la Familia:
www.casadelafamilia.org ; (213) 384-7848; (714) 667-5220
Esta es la organización no lucrativa que yo fundé y para la cual soy la Directora Clínica. Proporcionamos servicios psicológicos (en español, inglés y otros idiomas) y psiquiátricos para víctimas de abuso intrafamiliar y sus familias, en la oficina o con visitas al hogar. También ofrecemos programas educativos y de ayuda, así como también terapia a corto o largo plazo con un equipo que cuenta con sensibilidad cultural, en los condados de Los Ángeles, Riverside y Orange.

Comadres ayudando a comadres

Rocío González Watson fue la Directora Ejecutiva del Centro de Mujeres de Vida en Transición, un albergue en el condado de Orange, California. Ella es una apasionada activista dedicada a brindar ayuda y a organizar actividades para mejorar la vida de las víctimas de abuso intrafamiliar. Rocío inició su carrera como defensora de víctimas en casos de abuso sexual infantil. En el transcurso de su trayectoria se dio cuenta que aproximadamente en el noventa por ciento de casos de abuso infantil, había también violencia intrafamiliar. Así fue como Rocío decidió dedicarse a combatir la violencia en el hogar. En el transcurso de los años ha servido en ambas comunidades —latina y vietnamita— educando al público sobre violencia intrafamiliar y dando servicios de apoyo a las sobrevivientes. Rocío siente que los grupos de apoyo en los albergues ofrecen a las mujeres la oportunidad de dar y recibir ese apoyo emocional que tan desesperadamente necesitan. En otras palabras, estos grupos son el máximo ejemplo de las **comadres ayudando a comadres**.

"Las mujeres que participan en nuestros grupos se reconfortan unas a otras", según me dijo. "Una mujer usualmente llega al albergue sintiendo que es imposible, que no podrá superar la crisis. Luego otras mujeres del grupo, quienes han avanzado más en el programa, le dan aliento y le aseguran que 'sí es posible. Déjame contarte cómo me pasó a mí'. Es el poder del espíritu humano. A medida que se escuchan unas a otras, se conectan espiritualmente. Encuentran la fuerza en el grupo con otras mujeres que han atravesado experiencias similares. Y el hecho de que frecuentemente se dicen unas a otras 'estás en mis oraciones' o 'siempre pienso en ti' también les da fuerza".

Rocío añadió que las mujeres que llegan al albergue, también ayudan a otras en labores prácticas como cuidar a los niños, brindar apoyo moral cuando alguna de ellas tiene que ir a la corte, transportarlas el día de la cita, o dar asesoría sobre cómo solicitar empleo o una beca. En resumidas cuentas, estas comadres en el albergue transmiten unas a otras la poderosa idea de "si yo pude hacerlo, tú también puedes".

Cuando le pregunté cuándo es apropiado que una mujer acuda al albergue, Rocío dijo: "Claro que una mujer debe acudir al albergue cuando surja un peligro inmediato, pero no tiene que esperar hasta que aparezca ese peligro o haya violencia física. Las mujeres también pueden ir al albergue si existe abuso verbal o emocional. El albergue está ahí para proporcionar un espacio de paz y para que las mujeres reflexionen; para que puedan pensar si desean permanecer en esa relación o si hay algo más que puedan hacer".

Aunque al principio podría estar renuente de acudir a un albergue, hallarse en compañía de otras mujeres cuyas historias son similares a la suya, le ofrecerá un profundo sentido de liberación y comodidad. Tener oportunidad de contar su historia en un ambiente seguro y de apoyo mutuo, será un paso muy importante en el proceso de sanación. Descubrirá que no es la única que ha pasado por experiencias de abusos, y que con toda probabilidad desarrollará conexiones especiales con otras que han pasado por lo mismo. Rocío cree que todas podemos aprender una de las otras; de la experiencia y sabiduría de otro ser humano. Estar en compañía de otra persona que afirma "te comprendo, te apoyo" crea un vínculo especial. Y escuchar del progreso de otras mujeres, le dará fuerza y esperanza. De esto se trata compartir una relación con una comadre.

Ejercicio de visualización y afirmación de comadre

Escoja un sitio donde nadie la moleste y pueda sentarse cómodamente y tranquila. Cierre los ojos y haga varias respiraciones, lentas pero profundas —inhale y exhale, inhale y exhale— para que se sienta relajada y cómoda. Ahora inicie el siguiente ejercicio de visualización, y dele seguimiento con la afirmación ofrecida aquí abajo.

1. Visualice que entra a un bello castillo que le dará albergue y comodidad. Usted desea explorar todas las bellas habitaciones que la recibirán de forma acogedora.
2. Al entrar a la habitación, siente la presencia de un color y un aroma agradable, y ambos la relajan y tranquilizan.
3. Siente su respiración relajada y su perspectiva del futuro se hace más esperanzadora.
4. Esta es la "habitación comadre", y se da cuenta que no está sola. Está rodeada de comadres que están ahí para apoyarla mientras enfrenta lo que ocurre en su hogar. Nota sus rostros de compasión e intuye que comprenden lo que usted ha pasado. Se da cuenta que hay una conexión especial entre usted y las mujeres en esta habitación, y comprende que ellas le ayudarán en la transición hacia una nueva vida: una vida sin violencia, sin temor. Una vida próspera de amistad y paz.
5. Siente la compasión, calidez y amor de las mujeres que han ejercido una influencia positiva en su pasado —quizás su mamá, tía o abuela; una vecina, maestra, monja o amiga—. Tal vez también haya mujeres en la "habitación comadre" con quienes usted no ha tenido contacto personal pero que sin embargo, han marcado una diferencia en su vida. Podrían ser mujeres de quienes ha oído hablar en las historias de familia —abuelas o tías que nunca tuvo oportunidad de conocer—. Pudieron haber sido mujeres excepcionales que conoció en los libros de texto de la iglesia o la escuela, o en las noticias o en una película. La Virgen de Guadalupe, la Madre Teresa, una

funcionaria electa respetable, una organizadora comunitaria compasiva, un personaje inspirador en un programa de televisión. Independientemente del tipo de vida del que sean, las mujeres en esta habitación encarnan la verdad y compasión y han sido personas ejemplares proporcionándole motivación e inspiración.

6. Sienta que está rodeada de todas estas bellas mujeres, ya sea que aún vivan o que ya hayan pasado a mejor vida. Estas comadres estarán presentes en su vida, y la inspirarán a hacer los cambios que desea.

La afirmación de la comadre

Tengo el valor de aceptar que no puedo detener el abuso yo sola. Recurriré a otras mujeres, incluyendo aquellas que han sobrevivido y superado el abuso doméstico, y me permitiré aprender y ser conmovida por sus experiencias, sabiduría y estímulo. Doy la bienvenida a las comadres en mi vida y permitiré que caminen conmigo a través del dolor que he tenido que aguantar todo este tiempo, con la fe que me abrigará por el apoyo de ellas en el trayecto de mi camino rumbo a la sanación y a la paz.

Recurriendo a los profesionales y otras personas que pueden ayudar

Aparte de sus comadres, podría necesitar la ayuda de profesionales que puedan evaluar su situación objetivamente y proporcionarle la guía necesaria para superarla. Los siguientes son varios profesionales del campo de la salud mental y otros a quienes podría recurrir. Cuando se comunique con un profesional, siempre es buena idea saber con anticipación si esta persona tiene experiencia con tratamientos para sobrevivientes de abuso intrafamiliar.

Psicólogos: Estos profesionales tienen título de doctorado en salud mental y pueden ayudarle con asuntos de índole emocional relacionados con el abuso intrafamiliar, tales como depresión, ansiedad, ataques de pánico, temores, etc.

Psiquiatras: Estos son doctores en medicina especializados en salud mental. Aparte de ayudarle con asuntos de índole emocional originados por el abuso doméstico, pueden prescribir recetas médicas, las cuales podrían ser necesarias en caso de que los síntomas interfieran con su vida normal. Por ejemplo, a muchas sobrevivientes del abuso intrafamiliar se les dificulta conciliar el sueño y podrán necesitar medicamentos.

Consejeros matrimoniales o familiares: Estos profesionales cuentan con un título de maestría y se especializan en relaciones personales. Mientras que usualmente tratan a parejas y familias, también proporcionan tratamiento individual. Como los psicólogos, pueden ayudarle en asuntos relacionados con abuso intrafamiliar.

Grupos de apoyo: Generalmente son encabezados por consejeras que han experimentado en carne propia lo que los miembros del grupo han pasado. La idea es compartir experiencias para fortalecerse mutuamente. A veces los grupos de apoyo son encabezados por un psicólogo o consejero.

Grupos de mujeres: Las mujeres se reúnen para hablar de temas que tienen en común. Compartir experiencias con otras mujeres tiene el potencial de impactar su vida en forma significativa. Una organización que ha estado formando dichos grupos de latinas por muchos años es Comadres para las Américas, iniciada en Austin, Texas, por la Dra. Nora de los Hoyos Comstock. Esta organización ahora incluye a más de *15 mil latinas* de todo Estados Unidos y Europa, quienes se reúnen en *comadrazos* mensuales, en casa de una de las comadres. Sin una agenda específica, se reúnen para hablar y darse apoyo. Para más información, comuníquese con esta organización por Internet en: www.lascomadres.org

Capítulo 6

Equilibrio de la Malabarista para dar prioridad a sus propias necesidades y a las de sus hijos

    Es necesario equilibrar los múltiples aspectos de nuestra vida —familia, cuidado personal, trabajo, sociales, espiritualidad, y más— si deseamos conseguir un sentido de bienestar. Cuando estamos bajo intenso estrés o atravesamos una crisis, nuestras vidas se sienten extremadamente desequilibradas. Con tanta energía que dedicamos a lidiar con la crisis, nos queda poca para otros aspectos de nuestra vida. Al estar en una relación abusiva, puede sentir que hay una gran fuga de energía durante la recuperación del violento episodio o en la prevención del próximo, la cual le impide prestar suficiente atención a su trabajo, hijos o a cualquier otra cosa que le importa.

    La meta de este capítulo es ayudarle a descubrir lo que significa tener un saludable sentido de equilibrio y avanzar hacia una vida sin violencia. Aunque esté en medio de una crisis de abuso intrafamiliar, yo creo que puede lograr el equilibrio una vez que empiece a darle prioridad a las necesidades propias y las de sus hijos. Les he dado el nombre de **malabaristas** a quienes logran el equilibrio saludable en sus vidas.

    El sentido de armonía y balance está arraigado en la cultura. Familia, comunidad y espiritualidad son parte integral de una vida equilibrada. Algunos diseñan su compromiso de una vida equilibrada en base a sus culturas indígenas de México y otros países de Latinoamérica. En su libro **Mujer que brilla en la oscuridad**, Elena Ávila declara que "la meta medular de los aztecas era vivir en armonía con este universo del cual formaban parte integral. Ellos creían que el universo estaba hecho de una red inmensa de canales de energía que se encuentran y combinan en diferentes puntos. Si todo está en balance, entonces existe un equilibrio supremo."

Dado que jamás es fácil resolver una crisis de abuso intrafamiliar, puede tomar meses o mucho más tiempo llegar a ser capaz de gozar del "equilibrio supremo". Pero yo espero que este capítulo le inspirará a convertirse en *malabarista*, para que pueda restaurar el balance en su vida, valorando sus propias necesidades y las de sus hijos.

Dándole a él, en lugar de darse a usted misma

¿Siente que necesita dar mucha más atención a su esposo o novio que a usted misma; que necesita atender más los sentimientos de su pareja que los propios? Quizás ha desarrollado esta perspectiva como respuesta a los estados de ánimo y arranques de ira impredecibles de él. Tal vez se sienta obligada a dedicarle más esfuerzo para complacerlo o atenderlo, y de este modo prevenir que desquite su ira contra usted y sus hijos. Aún así, esto significa que la energía que le dedica está desequilibrada, porque invierte una sobreabundancia de energía en él, restándosela a usted y a sus hijos.

Los sobrevivientes de abuso intrafamiliar rara vez se prestan suficiente atención y cuidado debido a que les preocupa complacer y aplacar a sus esposos o novios para que no pierdan los estribos y se pongan abusivos. Este ejercicio le ayudará a reconocer la disparidad entre lo que le da a él y lo que se da a sí misma para que pueda hacer cambios saludables en su vida.

Primero, haga una lista de todas las cosas que hace constantemente para cuidar a su esposo o novio. Esta lista debe incluir lo que hace para conservar viva su relación. Revise los siguientes ejemplos:

Lo que hago por él (Ejemplo)

1. Paso tiempo con él en el momento que lo desea
2. Monitoreo sus estados de ánimo para asegurarme que no se disguste
3. Le digo cosas agradables, aunque no siempre las expreso de corazón, para que se sienta mejor.

Lo que hago por él

1. _____
2. _____
3. _____
4. _____
5. _____

Ahora escriba qué es lo que hace por usted. Por ejemplo:

Lo que hago para mí misma (Ejemplo)

1. Tomo tiempo para relajarme después de salir del trabajo
2. Tomo decisiones en base a lo que considero más apropiado para mí
3. Paso tiempo con gente que me hace sentir bien
4. Reconozco mis propios logros
5. Me digo a mí misma que merezco ser feliz

Lo que hago para mí misma

1. _____
2. _____
3. _____
4. _____
5. _____

¿Nota usted un desequilibrio entre el esfuerzo que emplea en atender a su pareja y el que emplea en atenderse a usted? Si es como la mayoría de las sobrevivientes de abuso intrafamiliar, es muy probable que la balanza se incline a favor de su pareja. O sea que él recibe más de su cuidado y atenciones que usted misma. ¿A qué atribuye eso? Quizás cree que su esposo o novio tiene mayores necesidades que usted. O que siente más cariño por él que por usted. O tal vez le ofrece más a él que a usted, primordialmente por temor a que si no hace las cosas de esta manera, empeorará el maltrato.

Por un momento piense en las necesidades de él. ¿Cómo describiría aquellas por las cuales usted hace el mayor esfuerzo por cumplir? Posiblemente estas palabras claves le ayudarán a detectar esas necesidades:

- Atención
- Reconocimiento
- Poder
- Admiración
- Control

Ahora elabore una lista de las necesidades de su pareja por las cuales usted hace un gran esfuerzo para satisfacer. Le doy varios ejemplos para que comience:

Las necesidades de mi pareja que trato de satisfacer (Ejemplo)

- Su necesidad de siempre tener la razón
- De ser el jefe en todas las situaciones
- Que yo lo admire
- Su necesidad de que yo le tenga miedo

Las necesidades de mi pareja que trato de satisfacer

- _____
- _____

- _____
- _____
- _____

Ahora piense en sus necesidades más inmediatas a las que actualmente no le ha prestado atención. Aquí tiene algunas palabras clave que podrían ayudarle a ubicar esas necesidades:

- Seguridad
- Estabilidad
- Calma
- Ternura
- Fuerza interior

Puede que le sorprenda saber que tiene la habilidad de satisfacer muchas de sus necesidades más inmediatas. Como hemos aprendido en el capítulo anterior, recurrir a las comadres le ayudará a satisfacer sus necesidades de apoyo práctico y emocional, lo cual puede ayudarle a lograr un sentido de calma y seguridad. En cuanto a la ternura, como sobreviviente de abuso intrafamiliar, podría añorar a alguien que la trate de esta forma —lo cual es el extremo opuesto del abuso—. ¿Está consciente de que puede tratarse a sí misma con ternura? ¿Sabe que puede desarrollar una mayor fortaleza poniendo atención a sus propias necesidades, y dándose más amor y consideración a usted misma?

Dese un momento ahora y prepare dos listas diferentes. Primero, anote las necesidades que actualmente está satisfaciendo. Aquí le tengo unas cuantas en la lista para que empiece.

Mis necesidades que actualmente satisfago (Ejemplo)

- Satisfago mi necesidad de apoyo emocional recurriendo a mis comadres dignas de confianza.
- Satisfago mi necesidad de relajación tomando al menos 15 minutos para mí misma después del trabajo.

Mis necesidades que actualmente satisfago

- _____
- _____
- _____
- _____
- _____

Ahora, anote las necesidades más inmediatas que actualmente *no* está satisfaciendo. Aquí le doy algunos ejemplos, para que empiece.

Mis necesidades que actualmente no satisfago (Ejemplo)

- Tratarme con mayor bondad
- Sentirme emocional y físicamente segura
- Respetarme más

Mis necesidades que actualmente no satisfago

- _____
- _____
- _____
- _____
- _____

En la próxima sección le voy a pedir que coloque sus necesidades satisfechas y las de su esposo o novio en lados opuestos de una balanza, para que pueda empezar a tener una imagen más acertada de qué tan equilibrado está su desgaste de energía.

¿Qué tan equilibrada está su balanza de necesidades satisfechas?

Refiriéndose a los resultados de la sección anterior, llene los círculos en la siguiente balanza. Los círculos de la izquierda de esta balanza representan sus necesidades satisfechas. Los de la derecha, las necesidades satisfechas de su esposo o novio.

Balanza de necesidades satisfechas

¿Qué tan equilibrada está su balanza de necesidades satisfechas? ¿Hay igual número de círculos llenos en ambos lados de la balanza? ¿Hay más círculos en el lado suyo, o en el lado de la balanza de su pareja, (lo cual significaría que está haciendo más por satisfacerlo a él que a sus propias necesidades)? Si este último es el caso, no está sola. La mayoría de las sobrevivientes de abuso intrafamiliar tienden a invertir más energía en satisfacer las necesidades de su pareja que las propias. Tristemente, dichos esfuerzos por satisfacer las necesidades del abusador, no lo van a disuadir de volver a maltratarla. Por otro lado, al concentrarse en sus propias necesidades, empezará a cobrar fuerza para cambiar su vida, de una de temor y abuso a una de seguridad y auto-cuidado.

Equilibrando las necesidades de sus hijos

Toda sobreviviente de abuso intrafamiliar que también es madre, no puede evitar preocuparse por cómo se verán afectados sus hijos por la creciente atmósfera de violencia. Una joven, cuyo padrastro golpeaba a su madre, dijo en nuestra sesión de grupo que "hasta hoy día mi hermana aún tiene pesadillas de nuestro padrastro. Yo también vivía atemorizada. Con sólo oír sus pasos pensaba, 'nos vamos a morir'. Con eso crecimos. Todas crecimos traumatizadas por eso".

Con todo y esto, muchas mujeres me cuentan que el motivo principal por el que se quedan con sus esposos es para que sus hijos tengan un padre en el hogar. Ninguna madre quiere privar a sus hijos de su padre, pero ¿a qué precio? ¿Cómo puede una madre equilibrar las necesidades de sus hijos para darles prioridad a su bienestar?

En el *informe del equipo de trabajo presidencial de la Asociación Psicológica Americana sobre Violencia y Familia* encontraron que "el exponer a una criatura al abuso de su padre contra su madre, es el factor de riesgo más alto para transmitir el comportamiento violento de una generación a otra".[1] Ninguno de nosotros queremos arriesgarnos a que nuestros hijos hereden la tendencia a ser violentos —ni como autor ni como víctima—. Debemos hacer todo lo posible para asegurarnos que esto no suceda, y ser más conscientes de las necesidades de los niños en esta etapa de sus vidas. ¿Se están cumpliendo sus necesidades o las descuida por la crisis provocada por el abuso en el hogar? Sus intenciones podrán ser nobles en cuanto a la decisión de permanecer en el hogar con su pareja, ya que cree que a veces él puede ser un buen padre tiene dudas de lo que vale más: ¿un padre en casa, sin importar el ocasional comportamiento abusivo o un hogar sin padre, sin violencia ni abuso.

Para poder tener una idea más acertada del balance de lo que es más importante para asegurar el bienestar de sus hijos, considere la siguiente lista de necesidades, que son fundamentales para los niños. Después de cada necesidad, anote el número —del 1 al 6— que representa el nivel de importancia que le da a cada una, siendo el #1 el más importante, y el #6 el menos importante.

Necesidades de los niños

___ Tener ambos padres en el hogar
___ Ambiente seguro y estable donde crecer
___ Protección contra daños físicos
___ Contar con el apoyo y atención de los padres
___ Que los padres sean ejemplos positivos
___ Contar con el amor incondicional de sus progenitores

¿A cuáles necesidades les asignó los números más altos? ¿Cuál de las necesidades quedó en el #6, representando la de menor importancia? Dado que es importante tratar de satisfacer todas estas necesidades en la vida de nuestros hijos, una es menos importante que la otra: la necesidad de tener a ambos padres en el hogar. Si una criatura debe crecer en un hogar con sólo uno de los padres y el resto de sus necesidades se satisfacen, él o ella aún tiene una buena probabilidad de crecer con una percepción saludable de la vida y de creer en sí mismo o sí misma. Por otro lado, si un padre abusivo continúa formando parte del ambiente del hogar, ninguna de sus otras necesidades puede ser adecuadamente satisfecha. Demos un vistazo a cada una de sus necesidades para ver por qué no pueden estar satisfechas, si el padre abusivo está en el hogar.

La necesidad de un ambiente seguro y estable donde crecer

Cuando existe abuso intrafamiliar en el hogar, una criatura no se puede sentir segura o estable. Él o ella siempre viven en estado de alerta al próximo episodio de violencia, sin saber jamás cuándo el progenitor victimizado resultará herido de gravedad o hasta muera. De hecho, éste puede ser el caso. Bajo esta constante ansiedad y coacción, un niño no puede llevar una vida normal y explorar el mundo, realizar las tareas de la escuela, socializar con las amistades y jugar.

La necesidad de protegerse de daños físicos

Cada criatura merece vivir sin amenazas ni daños físicos. Cuando él o ella ven a su madre o padre siendo agredidos físicamente, siempre existe la amenaza de que el padre abusivo también pueda agredirle. De hecho, muy a menudo éste es el caso. Todo pequeño sabe que si uno de sus progenitores no puede protegerse del que le maltrata, menos podrá protegerlo. Es fácil entender por qué crecer en constante y latente temor, puede causar graves problemas emocionales durante el transcurso de la niñez.

La necesidad de recibir el apoyo y la atención de los padres

Ningún padre o madre puede estar constantemente cuidando a los hijos, pero cuando el abuso intrafamiliar está presente en la familia, es mucho más difícil dar la atención que merecen. Un padre abusivo obviamente tiene problemas de ira que le impiden poder concentrarse en su hijo de una manera respetable, ser paciente, y darle apoyo cuando sea necesario. La madre a menudo angustiada, tampoco puede prestarle la atención y el apoyo que el hijo necesita. Por consiguiente, las necesidades de la criatura son sacrificadas por la constante crisis de abuso intrafamiliar.

La necesidad de que los padres sean ejemplos positivos

Los niños necesitan padres que sean ejemplos positivos para poder aprender y creer en sí mismos, enfrentar al mundo con seguridad y alternar exitosamente con otras personas. ¿Qué tipo de ejemplo puede presentar un padre abusivo? Una persona que recurre a amenazas o violencia para conseguir lo que quiere, comunicar su insatisfacción a su pareja, o expresar su ira, es el peor ejemplo. Como mencionamos anteriormente, los niños que son testigos del comportamiento de un padre abusivo, tienen mayor probabilidad de convertirse en individuos abusivos. Además, sin un ejemplo paternal saludable, los niños están en clara desventaja de aprender a relacionarse con otras personas.

La madre abusada también puede convertirse en un mal ejemplo al aceptar el comportamiento violento. Los niños que son testigos de padres que permanecen en una relación abusiva, asimilan un concepto equivocado de lo que significa estar en una relación saludable.

La necesidad del amor incondicional de los padres

Un hombre abusivo podrá querer a sus hijos, o al menos profesar que los quiere; pero su comportamiento contradice esa afirmación. Al abusar de la madre demuestra la falta de amor por ella, y por la criatura también. ¿Cómo puede amenazar y hacerle daño a la persona más cercana a su hijo—y todavía decir que ama al niño? Además, la criatura puede aprender del agresor que el amor se da únicamente a la pareja que acepta ser controlada y que complace los dictámenes del hombre que la maltrata. Este tipo de "amor" claramente es todo lo contrario de incondicional.

Cuando un padre de familia es abusivo, las necesidades de la criatura de vivir en un hogar con ambos padres, son superadas por las otras necesidades de las que ya hemos hablado. En igualdad de condiciones, siempre es preferible educar a un hijo en un hogar con ambos padres, pero no cuando uno de ellos es abusivo. Ese padre provee a su hijo un mundo sin armonía, fuera de balance, al no satisfacer sus necesidades básicas. Por este motivo, como sobreviviente de abuso intrafamiliar —y malabarista que va rumbo a una vida bien equilibrada— usted puede ayudar a su hijo dándole prioridad a sus necesidades y a las suyas propias.

Cuando los niños son testigos de la violencia en su hogar

Los niños no pueden madurar emocionalmente cuando viven o son testigos de violencia en el hogar. Cualquier acto de violencia por parte de un miembro de la familia puede causar un trauma duradero, no solamente a la víctima, sino también a quienes sean testigos del incidente. Ser testigo de actos de violencia puede causar un trauma psicológico clasificado como *Trastorno de estrés postraumático,* con depresión, ansiedad, insomnio, cambios de humor, miedos, y otros problemas emocionales que afectan la autoestima y la habilidad de tomar decisiones. Pensamientos suicidas y el consumo de drogas pueden así mismo ser consecuencias, al igual que problemas de salud y aprendizaje, conflictos en el comportamiento y hasta delincuencia.

De acuerdo a la Alianza Latina Nacional para la Eliminación de la Violencia Doméstica, casi el 94% de los hombres encarcelados por ese delito, crecieron como víctimas o testigos de violencia en sus hogares.[2] De acuerdo a un estudio realizado en el año 2006, 15.5 millones de niños estadounidenses vivieron en familias en las que la violencia conyugal ocurrió al menos una vez durante el año anterior, y 7 millones de niños se criaron en familias en las que ocurrió violencia conyugal grave.[3] ¿Cuántos de esos niños irán a sufrir las consecuencias potenciales que acabamos de enumerar?

El recuerdo más impactante de mi carrera profesional en los medios de comunicación fue el día en que recibí la llamada de un radioescucha, en uno de mis programas de radio, que reveló un secreto mortal que había guardado por muchos años. El oyente anónimo me comentó públicamente de la intensa ira que sentía contra su padre por haber maltratado a su mamá. Él fue testigo de las golpizas que le propinaba, e inicialmente descargaba su ira en los animales —perros o gatos callejeros que torturaba o mataba mientras veía a su padre en ellos—. Un día vio a su madre malherida después de una golpiza. En ese momento, el oyente decidió matar a su padre. Y lo hizo. Lo mató, lo enterró... y jamás nadie se enteró. Todos supusieron que el hombre simplemente abandonó a la familia. El oyente, ahora siendo un adulto, me contó que llegó un momento en que ya no pudo ver a su madre sufrir más.

El destino de ese oyente es un ejemplo extremo de lo que puede suceder cuando los niños son testigos de violencia en el hogar, pero no es el único. Nuevamente, de acuerdo a la Alianza Latina Nacional para la Eliminación de la Violencia Doméstica, el 67% de los menores entre las edades de 12 y 18 años está encarcelado por asesinar al agresor de su madre.[4]

Al considerar opciones y evaluar sus necesidades y las de sus hijos frente a las de su pareja abusiva, piense seriamente sobre los riesgos potenciales para la salud psicológica de su criatura, testigo de la violencia en el hogar.

A diferencia de un moretón o un brazo roto, el daño psicológico no puede sanar tan fácilmente.

Mientras que los psicólogos y consejeros pueden ayudar a jóvenes que han sufrido las consecuencias de ser testigos del abuso de uno de sus padres, ¿acaso usted no preferiría prevenir este sufrimiento si le fuera posible?

Los niños aprenden más de sus experiencias, que de lo que les expliquemos. Cuando la madre permanece en una relación abusiva, le está enseñando a su hijo que ella lo acepta, por más infeliz que sea o por más que proteste y se queje. Aunque una madre le dice a su hijo: "Esto no es lo que tú tienes que hacer en la vida", la criatura aprende más de lo que la madre hace, que de lo que le dice.

Cuidándose a sí misma—Un pasito a la vez

El aprendiz de malabarista no empieza lanzando seis bolas en el aire. Empieza por aprender con dos. Igualmente, usted puede empezar lentamente a medida que empieza a encarrilar su vida hacia un equilibrio saludable. Un paso a la vez le ayudará a aumentar la confianza en sí misma a medida que descubre su propio poder para cambiar. Hasta acciones pequeñitas son pasos valiosos en este camino, así que puede empezar por fijarse metas y tomar pequeños riesgos, que eventualmente encarrilarán su vida.

El sencillo régimen que le ofrezco a continuación es algo que puede iniciar inmediatamente. La meta es cuidarse a si misma, tomando el tiempo para relajarse y pensar. Le puede parecer rara la idea de tomar tiempo sólo para pensar. De hecho, podría creer que relajarse y pensar son una pérdida de tiempo. Pero darse un tiempo a solas es muy importante, debido a que le permite reflexionar sobre lo que quiere en su vida y lo que hará para remediar su relación abusiva sin la interferencia de nadie más.

A menudo nos inclinamos por quejarnos de la situación actual, pero cuando nos preguntamos qué es lo que en realidad queremos, realmente no lo sabemos. Necesitamos tomar el tiempo para pensar sobre lo que queremos, para poder sacar conclusiones o tomar decisiones significativas. Así que la invito a participar en este régimen con amplio criterio y con la intención de poner su vida en un estado más equilibrado.

Parte de ese *tiempo para usted misma* estará dedicado a recordarse que merece una vida mejor.

Régimen de tiempo para mí

✓ Inicie su pequeño diario de *tiempo para mí misma*, el cual mantendrá un registro del tiempo que se dará diariamente para relajarse y pensar sobre su situación actual. Podría empezar con cinco minutos el primer día, diez minutos los siguientes días, y después quince o veinte. Sea específica en qué lugar se encontrará al darse su tiempo. Su diario podría parecerse a esto:

- Lunes: 5 minutos antes del desayuno, sola en mi habitación
- Martes: 10 minutos durante el almuerzo en mi trabajo
- Miércoles: 15 minutos sola en el patio trasero después de la cena

El simple acto de contabilizar estos "regalos" de tiempo para usted le ayudará a comprender que merece una vida pacífica.

✓ Durante estos momentos a solas, piense en el equilibrio de su vida. Cuánta energía gasta preocupándose y defendiéndose de su pareja y cuánto tiempo dedica a forjar su propia felicidad. Piense en la balanza de la que hablamos previamente y cómo se esfuerza en dar prioridad a sus necesidades y las de sus hijos, en lugar de continuar dándole todo su tiempo a la pareja.

✓ Permítase pensar sobre la vida despojada de violencia que quiere tener, y tome en cuenta que esa vida es posible cuando emplea su propia fortaleza y consigue apoyo de su familia o de las comadres que velan sinceramente por su bienestar.

✓ Utilice este tiempo a solas para recordarse que es una persona valiosa y que merece ser feliz.

✓ A medida que vaya aumentando el tiempo que dedica para usted, incorpore elementos que le ayuden a lograr un sentido de equilibrio interior. Escoja algo que verdaderamente le gusta, algo que la reanime o que le nazca del corazón. Por ejemplo, tome una taza de té afuera de su casa, haga unos cuantos ejercicios de estiramiento, o escuche su CD favorito.

✓ Si se está sintiendo abrumada, destine diez minutos para usted y piense en su vida —lo que quiere, cómo se siente— y obtendrá la perspectiva que necesita. Piense también sobre aquellas personas que están en su vida y que la tratan con respeto y amor. Anímese a tratarse a usted misma con una actitud similar.

✓ Permita que este tiempo a solas le refuerce la confianza de que ya está encaminada hacia una mejor manera de vivir. Encontrar la confianza en usted misma —aunque sea sólo por un breve momento cada día— es esencial para lograr el equilibrio anhelado.

La historia de Yolanda—'Mis niñitas me ayudaron a colocar nuestras necesidades primero'

La intención original de Yolanda era poner sus propias necesidades y las de sus hijas primero al regresar a la escuela, conseguir un buen empleo y proveerles lo necesario. Pero su esposo quería derribar esos planes. Yolanda dice que él se sentía amenazado ante la posibilidad de que ella pudiera ganar más dinero que él. Era alcohólico, abusaba de ella verbalmente y emocionalmente llamándola "vaca", obligándola a quedarse en casa "y ser su sirvienta".

Denigrando sus dos metas de trabajar y regresar a la escuela, un día su esposo furioso la desafió: "¡Entonces vete!" Se separaron y Yolanda continúo con su plan. Consiguió empleo y empezó a recibir clases para lograr un título universitario.

> *Tenía un empleo y un apartamento, y estaba feliz de la vida. Mi amiga me cuidaba a las niñas. No me gusta separarme de mis hijas por mucho tiempo, pero mantenía una actitud positiva. Me inscribí en unos cursos en el colegio. Estaba dispuesta a lograrlo.*

Seis meses después, Yolanda decidió plantearle a su esposo que iniciaran el proceso de divorcio. Sin embargo, él se aprovechó de su vulnerabilidad diciéndole que desesperadamente quería que volviera con ella. "Me dijo todo lo que yo quería escuchar," dijo ella. Después de regresar a casa dándole a su matrimonio una segunda oportunidad, Yolanda pronto se convirtió en víctima de la furia de su marido.

> *El primer día que regresé, me pegó con el puño con toda su fuerza, golpeándome la cara contra la pared. La golpiza me afectó hasta la vista. Jamás lo había visto así. Estaba loco. Mientras seguía golpeándome decía 'te voy a pegar por todos los sábados que no estuviste aquí, porque andabas con otros hombres'. La realidad era que yo sólo quería trabajar e ir a la escuela (yo no salí con nadie). Pero en su mente él estaba seguro de que yo había estado con otros hombres, y que por tal motivo le había pedido el divorcio.*
>
> *Después me jaló de las piernas y me arrancó toda la ropa, y me hizo ademanes groseros, diciendo: '¿Es así como lo hacías con otros hom-*

bres?'. Y me lo dijo frente a nuestras hijas. Terminé con marcas en todo mi cuerpo y mis ojos. Intenté vestirme aunque mi ropa estaba toda rota, mientras que él me pedía que le jurara que era el único hombre en mi vida. Me arrancó a jalones el pelo y continuaba golpeándome y pateándome las piernas. En ese momento estaba muy, muy, pero muy asustada. Me dijo 'vas a vivir aquí, y te voy a matar si me dejas'. Yo creí todo lo que me decía, como si me hubiera quitado la habilidad de pensar. Mi capacidad de razonar estaba obstruida. El miedo era tan grande que no podía abandonarlo. Cada vez que me golpeaba, me decía que me arrodillara y le besara los pies. Ahora en retrospectiva, me pregunto: ¿Cómo es posible que me haya quedado en ese lugar por un mes, mientras me hacía estas cosas?*

Es perfectamente comprensible que el temor de Yolanda le impedía dejarlo. Entonces, ¿cómo es que logró recuperar su sentido de equilibrio (su decisión de anteponer primero sus propias necesidades y las de sus hijas) después de soportar semejante violencia e intimidación? Había perdido su trabajo debido a la insistencia de su esposo de que ya no trabajara, y le tenía tanto miedo que no podía ni siquiera salir de su casa. Nos cuenta que "no existía nada más que la casa. Esto ya no era vida para mí". El momento decisivo de Yolanda llegó cuando sus hijas, atemorizadas pero aún buscando la salida de esta pesadilla, le hicieron una muy sencilla pero estremecedora pregunta que cambió su vida.

Un día mi esposo me pidió que llevara a las niñas a la escuela, algo que jamás me permitía. Me dio unos enormes lentes de sol para ocultar los moretones en el rostro. En el vehículo, mis hijas me dijeron que tenían mucho miedo de que papi me siguiera golpeando. Me preguntaron, '¿le podemos decir a la maestra?' No sabía qué responderles, pero las acompañé hasta su salón de clases, y me acerqué a su maestra y me quité los lentes oscuros. No dije ni una palabra. Pero cuando la maestra me vió, de inmediato llamó a la trabajadora social. Lloré con la maestra, y luego llegó la trabajadora social y no se apartó de mí ni por un minuto. Me llevaron al hospital. Encontraron un lugar seguro para mí. Entre la maestra, la trabajadora social y la gente del hospital, encontré mucho apoyo. Tenía mucho, pero mucho miedo, pero llené un reporte de la policía y mi esposo fue arrestado al día siguiente.

Yolanda necesitó mucho valor para revelarle su secreto a la maestra, así como también sus hijas necesitaron mucho valor para sugerírselo. Pero Yolanda aún estaba terriblemente atemorizada de su esposo, a quien pusieron en libertad bajo fianza y no se presentó a su cita con el juez. Ella sabía que tenía que mantener su decisión. Colocar primero sus propias necesidades y las de sus hijas significaba que tenían que cambiar su residencia. Irse a un lugar donde estarían seguras. Con la ayuda de su hermano, a quien quería mucho y le tenía confianza, y otras personas que velaron por su bienestar, Yolanda y sus hijas se mudaron a otro estado. Al principio vivían en un albergue de mujeres, donde recibió orientación de trabajo, asistencia legal, información sobre la crianza de los hijos, y recuperación de su penosa experiencia como sobreviviente de violencia intrafamiliar. En cuanto llegaron, también sus hijas recibieron consejería. Yolanda continúa agradeciendo todo lo que le ofreció el albergue.

> *En ese lugar, aprendí mucho de los grupos de consejería y en las clases, y comprendí que cuando alguien atraviesa una situación como ésta, cambia su personalidad. Uno puede llegar a ser resentido y perder la capacidad de ser cariñoso y expresivo. De manera que mi primera meta fue ser más expresiva con mis hijas, más paciente, más amorosa. Todos los días les doy un beso y trato de ser más positiva. Además inicio un nuevo día dando gracias a Dios por todo lo que tengo. Y he aprendido a decirme a mí misma que voy a triunfar. Perseguiré mis metas, y enfrentaré todo lo que pasé con la violencia en casa. Impondré límites porque ahora tengo respeto por mí misma. Me voy a educar, y ayudar a mis hijas. Y dejaré los resentimientos en el pasado.*

Después de aproximadamente seis semanas, pudo mudarse a su propio apartamento. Consiguió trabajo y regresó a sus estudios. Dice que está particularmente agradecida por la relación amorosa que tiene con su hermano y su cuñada, que no sólo le brindan apoyo moral sino que le ayudan a cuidar a sus hijas cuando lo necesita. Yolanda considera que ahora su vida está balanceada, después de tantos años de dudar de sí misma y tener miedo.

> *Estoy trabajando medio tiempo y yendo a la escuela, tomando clases en administración de empresas. Tengo mucha tarea, pero eso está bien.*

Cuento con suficientes unidades para obtener mi licenciatura, y me gustaría obtener la maestría. Luego quiero conseguir un mejor empleo.

Además, estoy tomando clases de superación personal. He aprendido a no quedarme callada y pedir ayuda cuando la necesito. A no hacer caso omiso a mi voz interior que me avisa cuando las cosas no andan bien, y también a tener fe en mí misma. Siempre he tenido una voz interior que me decía 'eres independiente, tienes sueños, triunfarás'.

Quiero ser una buena madre, un ejemplo para mis hijas, y mostrarles que no existe ninguna excusa para que un hombre las golpee. Quiero demostrar a mis hijas que puedo ganarme la vida y cuidarlas. Si quiero que tengan una vida mejor, les tengo que mostrar que es posible. Y ese es mi reto. En cambio, si estoy sufriendo, no puedo poner atención a mis hijas, y no quiero que pasen por lo mismo que yo.

En lo más profundo de mí, soy una persona muy positiva. Aún soy esa persona.

Ejercicio de visualización— El poder de conectarse con uno mismo

Si pudiera liberar todo el dolor y resentimiento que tiene en su interior, aunque sea por breves momentos durante este ejercicio, aprenderá a ponerse más en contacto con su interior. Como alguien que ha sido dañada por el abuso doméstico, las presiones, el dolor y los malos momentos son probablemente tan intensos y abrumadores que posiblemente le hayan hecho olvidar quién realmente es usted, en lo más profundo de su ser. Cuando uno olvida quién es, no puede forjar una mejor vida. Para poder reconectarse con usted misma, le invito a participar en el ejercicio de visualización que le permitirá liberar todo el dolor, aunque sea sólo por unos cuantos minutos.

1. Encuentre un sitio cómodo donde nadie la moleste, quizás sentada en un sofá cómodo, silla o cojín. Cierre los ojos y haga una serie de inhalaciones profundas. Cuando exhale, despida todos sus pensamientos. Olvídese de lo que está pensando, y si acuden a su mente algunos pensamientos, reconózcalos, y luego

déjelos ir. Otro pensamiento podría surgir, acéptelo y luego déjelo ir.

2. Concéntrese en su respiración, cómo entra el aire a su cuerpo y cómo lo suelta en la exhalación. Con cada respiración, inhalación y exhalación, reconozca que su cuerpo se está limpiando.
3. Enseguida, ponga atención a cada uno de sus sentidos, a todo lo que su cuerpo perciba.
   - Primero note su sentido del tacto: la tela del cojín donde reposa, el suéter que trae, sienta su propia piel. ¿Son cada una de estas cosas agradables y suaves al tacto? ¿Terso o áspero? ¿Qué le parece el aire? ¿Está frío o cálido? ¿Húmedo o seco?
   - ¿Y qué de los sonidos que escucha? ¿Puede oír los pájaros afuera de su ventana? ¿Voces en la otra habitación? ¿El teléfono sonar? No les ponga atención a lo que digan las voces y no piense quién podría estar llamando por teléfono. Si surge algún pensamiento, descártelo. Esté consciente únicamente de lo que escucha, sin nada de pensamientos. Oiga los ruidos, reconozca que ahí están, y luego sólo concéntrese en estar consciente de ellos.
   - Con los ojos cerrados, ¿qué colores ve? Posiblemente rojo, azul o naranja. Perciba esos colores y esté en el momento, en el ahora.
   - ¿Qué huele? Sabrosos olores de la cocina? ¿Aromas agradables de un florero cercano o de su propio perfume? ¿Humos desagradables del exterior? Sea lo que fuere que esté oliendo, tocando, escuchando o viendo, agradezca la habilidad de estar en contacto con sus sentidos. Y nuevamente, si le vienen pensamientos, simplemente déjelos ir.
4. Ahora, después de estar consciente de sus sentidos, concéntrese en lo profundo de su ser, en la esencia de lo que es su interior. La esencia puede ser percibida como una luz, en el fondo de su espíritu. Esta es la luz que está en su interior. Concéntrese en la luz, y reconozca su radiante presencia. Permanezca con ella. Abrácela y siéntala. Siéntase cómoda con ella y ámela. Dele amor a esa luz,

mientras ella le da amor a usted. Siéntase a gusto con esa luz en su interior —la luz que está en el interior de todos nosotros— vaya dándose cuenta que se siente más cómoda con usted misma. Su cuerpo es el hogar para esa luz interior. Nadie puede tocar esa parte de usted o hacerle algo para perjudicarla. Nada podrá denigrar o insultar esa luz que está en su interior. Ella es mucho más poderosa que cualquier cosa que alguien quiera tratar de hacerle.

5. Permanezca consciente de esa iluminación por el tiempo que pueda. Una vez que se sienta cómoda, puede abrir sus ojos y reconocer su presencia, su propia luz, su propia alma.

Creo que si hace este ejercicio cada mañana, podrá crear un nuevo sentido de su propia presencia espiritual. Y nadie puede perjudicarla. Su pareja podría hacerle daño o tratar de hacerle mal, pero usted sabrá que existe este núcleo dentro de usted que no podrá lastimar. Nadie puede tocar esa luz, esa presencia, esa esencia de la persona que usted es. Al hacer este ejercicio cada mañana, creo que sentirá el poder de estar auténticamente conectada con sí misma.

Capítulo 7

Discreción de la Diplomática
para preparar su plan de acción

*Y*a sea que decida permanecer en esa relación o marcharse, necesitará un plan de acción para poder afianzar su seguridad si se encuentra en una relación abusiva. Su meta es vivir sin maltrato ni amenazas, y su plan de acción le ayudará a lograrla. La fuerza de Latina Power que puede ser de particular beneficio en esta etapa de su trayecto hacia una vida libre de maltrato, es la discreción de la *diplomática*. Su capacidad de desarrollar su plan de acción y la mejor forma de efectuarlo será clave para cambiar su vida exitosamente.

En este capítulo exploraremos cómo utilizar la discreción de la diplomática para desarrollar un plan ya sea para quedarse con su pareja (aunque quizás separándose de él temporalmente) o apartarse de la relación. Ser diplomática puede implicar que sea necesario esperar el momento oportuno para actuar. El tiempo dependerá, en parte de la información que necesite y la organización necesaria para que todo esté listo para su seguridad y la de sus hijos.

Es muy importante recordar que su plan de acción debe centrarse en su seguridad y la de sus hijos. Sepa que su pareja podría volverse aún más dominante cuando usted intente separarse, debido a que él está perdiendo eso que tanto luchó por controlar. Por consiguiente, necesitará ser más cautelosa debido a que su compañero podría ser más violento al momento de la separación. Estar consciente de lo que podría sucederle le ayudará a protegerse. Convertirse en diplomática implica prepararse de antemano y tener muy claro qué es lo que necesita hacer.

Exploremos entonces en detalle lo que significa ser *diplomática*.

Las latinas somos *diplomáticas* por naturaleza

Los hogares latinos tienden a ser más tradicionales en la manera que los miembros se tratan unos a los otros, y esa formalidad permite el desarrollo de la diplomacia. Por ejemplo, los niños aprenden a tener deferencia con sus padres, abuelos, tías y tíos. Se les enseña a abstenerse de hablar cuando no tienen que hacerlo o decir groserías en presencia de los adultos. La expectativa de que uno debe respetar a sus padres y a sus mayores también puede significar que los niños aprenden a reservar sus opiniones, especialmente cuando van en contra de los puntos de vista de sus padres o abuelos. Debido a que las familias latinas inculcan en sus hijos la necesidad de respetar a sus mayores, los niños aprenden a negociar para conseguir lo que quieren mientras mantienen el respeto por la figura de autoridad familiar. En otras palabras, los niños latinos aprenden a ser diplomáticos.

Las latinas aprenden también a ser pacificadoras dentro del núcleo familiar que por lo regular consta de una familia muy grande, y a superar las diferencias entre sus miembros para poder asegurar la unidad. La familia es totalmente importante en la cultura latina, por lo cual utilizamos nuestras habilidades diplomáticas para sostener los valores de respeto hacia los mayores y de forjar la paz entre los parientes. Debido a que estamos acostumbradas a ser respetuosas y complacientes aún con quienes no estamos de acuerdo, puede ser más fácil para nosotras negociar con alguien con quien quizás haya diferencias. Como latinas, hemos aprendido a proceder con tacto y precaución cuando es necesario.

¿Qué tienen que ver estas pautas culturales con su situación como sobreviviente de abuso doméstico? Su habilidad para ser diplomática puede ayudarle a proceder con tacto mientras prepara su plan de acción para crear una vida libre de maltrato. Antes de que explore lo que podría incluir su plan, me gustaría que pensara sobre el papel de diplomática que ha tenido en el pasado.

Recordando los casos de tacto y prudencia

¿Recuerda los momentos en su vida, quizás en su niñez, cuando tenía que proceder con tacto y prudencia para que las cosas salieran como quería? Tal vez para pasar la noche en casa de una amiga aunque sus padres no estaban de acuerdo: ¿cómo los convenció de que era un pedido aceptable? Quizás los quiso convencer de que le permitieran no atender una reunión familiar a fin de participar en una excursión escolar. ¿Cómo se los planteó y qué les propuso? En circunstancias más graves, tal vez necesitó evitar una situación peligrosa y utilizó tacto y precaución para protegerse.

Recuerde los casos en los cuales tuvo que emplear el tacto y la prudencia de una diplomática, y anótelos en el siguiente espacio. Posteriormente, en la próxima sección, sugiera lo que pudo haber pasado si hubiese procedido con menos tacto y con menos prudencia

Casos en los que utilicé tacto y prudencia para lograr lo que deseaba

_____
_____
_____
_____
_____
_____
_____

Casos en los que me manejé con tacto y precaución para protegerme

_____

_____

_____

_____

_____

_____

_____

Lo que hubiera sucedido sin tacto y precaución

_____

_____

_____

_____

_____

_____

_____

Recordar los casos que tuvo que considerar cómo mejor proceder —empleando el tacto y la prudencia de la diplomática— le inspirará a utilizarlos ahora. A través de este manual de ejercicios, probablemente ha pensado ya bastante qué camino escoger para enfrentar su relación abusiva. Quedarse con su pareja implicará una serie de riesgos, mientras que dejarlo representará otro. En cualquiera de los casos, necesitará un plan. Discutamos entonces lo que implican ambos planes: quedarse o marcharse.

Si piensa quedarse

Si está viviendo con una pareja abusiva que la amenaza o la ha maltratado en el pasado, a estas alturas probablemente sabrá que usted no tiene control sobre el comportamiento de él. Una vez que su pareja la ha amenazado o hecho efectiva su amenaza, la maltrató o fue violento con usted, lo más probable es que lo repetirá. Aunque él participe en un grupo para cambiar su conducta (la forma más efectiva de enfrentar a las parejas abusivas a que cambien su comportamiento), no hay garantía de que el abuso desaparecerá. De todos modos, no está dentro de su poder ayudarlo a corregir su comportamiento; eso dependerá totalmente de él.

Hay numerosos motivos por los que muchas mujeres optan por quedarse con una pareja abusiva, y ya lo hemos hablado previamente en este libro. Consideraciones financieras, culturales y presiones religiosas, temor a estar sola, represalias, querer tener un padre para sus hijos en el hogar, y finalmente pero en definitiva no menos importante, el amor que le tiene. Es difícil descartar el amor que aún puede sentir por quien le ha hecho daño. No obstante, si quiere resguardar su seguridad y la de sus hijos, es esencial desarrollar un plan en caso de que las cosas empeoren.

De manera que si decide quedarse con su pareja, pero quiere estar a salvo de sus maltratos, necesitará convertirse en una diplomática y elaborar un plan de contingencia en caso de que la situación se ponga peligrosa. Aunque su relación sea relativamente pacífica en este momento, puede empezar a reunir los números necesarios de teléfono e información, como también preparar una "maletita" para llevar, en caso de ser necesario salir de casa en un momento determinado. Esta es una precaución que puede ser determinante en su vida.

Es buena idea planificar lo que haría en el peor de los casos. Por ejemplo, piense en lo que va a necesitar en caso de que su pareja la encierre en su hogar. En sí, podría elaborar un plan que incluyera lo siguiente:

Si mi pareja me atrapa y encierra en mi hogar,
necesitaría un plan que incluyera

- Maneras de salir o conseguir ayuda desde cualquier habitación de mi casa
- Programar mi celular para marcar el 911 automáticamente, un albergue de mujeres cercano, y amistades de confianza en caso de tal emergencia
- Lugares a donde pueda ir a cualquier hora si tuviera que salir en una emergencia. Por ejemplo, la casa de una amiga, la policía, los bomberos, albergue de mujeres, sala de emergencia del hospital, un café abierto las 24 horas

Por qué no aprovechar este momento para hacer su lista de lugares donde acudiría si tuviera que dejar su casa en una emergencia. Incluya varias amistades confiables, así como también las estaciones más cercanas de policía y bomberos, albergues de mujeres, salas de emergencia de hospital y un café abierto las 24 horas. Localice direcciones, domicilios y números de teléfono, anótelos aquí:

A dónde iría en caso de emergencia

Sitio	Dirección	Teléfono

Los albergues de mujeres aconsejan a las sobrevivientes de abuso doméstico que preparen una "maletita" para llevar en caso de que necesiten salir de casa. Esa maletita deberá incluir lo siguiente:

Maletita a preparar en caso de tener que salir de casa

- Llaves (del carro, la casa y el trabajo)
- Dinero en efectivo
- Tarjetas de débito y/o de crédito
- La chequera, libreta bancaria de ahorros
- Tarjetas del Seguro Social y/o tarjetas de residencia
- Tarjetas de seguro médico
- Ropa
- Medicamento
- Fotografías favoritas
- Joyas valiosas
- Juguetes, libros y cobijas favoritas de los niños

Y documentos importantes tales como:

- Identificación, licencia de manejar, título y registro del carro
- Documentos de inmigración y de asistencia pública (Welfare)
- Expedientes médicos y escolares
- Documentos de seguros.
- Facturas actuales no pagadas
- Certificados de nacimiento y matrimonio
- Contrato de alquiler o documentos de propiedad o hipoteca de la casa
- Números de teléfono importantes, incluyendo los de la familia, amistades, doctores, abogados y agencias comunitarias

En la situación ideal, estas son cosas que necesitaría llevarse. Sin embargo, **si no ha tenido la oportunidad de juntar estos documentos, no se preocupe, sólo sálgase en situación de emergencia.** Cuanto más de estos artículos pueda reunir, mejor, pero la consideración más importante es que esté segura. Si es preciso salir de casa para resguardar su seguridad, salga.

Para más información con consejos prácticos para sobrevivientes de abuso doméstico que insisten en quedarse con su pareja, diríjase al sitio web del Fondo de Prevención de Violencia Familiar: www.endabuse.org/resources/gethelp/#dv :

Recuerde que no puede frenar el abuso, pero sí puede encontrar ayuda y enfrentar la situación. Aunque esté en un momento en que las cosas parezcan estar "muy bien" y crea que realmente desea quedarse con su pareja, de repente podría comprender que esa relación que creyó "estaba muy bien" era sólo una ilusión y que continúa el abuso. De una manera u otra, es el momento de prepararse y elaborar un plan.

Ser *diplomática*, aunque opte por quedarse con esta pareja, implica hacer planes y prepararse sin que su esposo o novio se entere. Es posible que si llegara a enterarse de que ha preparado un plan en caso de que las cosas se descontrolen nuevamente, él intente sabotear su plan o tomar represalias. Por consiguiente, sea cautelosa. Nuevamente, será de extrema importancia recurrir a las comadres, quienes la pueden apoyar emocionalmente y ser prácticas a la vez. Por ejemplo, después que haya preparado su maleta, podría arreglar con la comadre para que ella se la guarde en su casa en un sitio seguro.

Evitando la ira de su pareja

Tal vez no esté preparada para marcharse. Quizás espera el momento oportuno. O posiblemente permanece con él para ver si la participación en el grupo de terapia cambie verdaderamente su comportamiento. Mientras está en el proceso de decidir si se queda o se va, podría encontrarse con la ira extrema de su pareja. A resumidas cuentas, nada de lo que *usted* haga cambiará el comportamiento de él. Lo que sí puede hacer para protegerse a sí misma es evitar la tentación de caer en la trampa de sus arranques de ira.

En el momento en que esté de mal humor, gritando y agrediéndola, lo mejor es que se retire y simplemente lo deje solo. A muchos hombres no les importa que los dejen solos; realmente eso es lo que quieren. Por lo general, tratar de complacerlo, aplacarlo, o enfrentar los motivos por los que está enojado… no funcionará. Lo mejor es dejarlo a solas hasta que se calme. Sálgase de la casa por una o dos horas, y dele tiempo a que se le pase. No se convierta en parte de su conflicto, porque realmente usted no lo es. Su comportamiento es responsabilidad de él, no suya, y entre más trate de aplacarlo, se pondrá más enojado y acusador.

Muchos hombres creen no solamente que está bien que pierdan el control y se enojen, sino que también está bien desquitar la ira contra sus esposas. **¡No está bien!** Lo mejor que puede hacer es desprenderse de él, no involucrarse, y retirarse. Posiblemente cuando regrese a casa estará más calmado. Si todavía está enojado, no trate de hablarle. No lo confronte. Solo hágase a un lado y tómese su tiempo.

También cabe la posibilidad de que se enoje aún más si lo deja solo con su ira. Si éste es el caso, necesitará preguntarse a sí misma si de verdad quiere continuar en esta relación. Recuerde que su decisión no dependerá de cuánto lo ame. Dependerá de cuánto daño puede aguantar y a cuánto abuso y violencia está dispuesta a exponer a sus hijos. Posiblemente querrá hacerse estas preguntas: ¿Es esto lo que realmente necesito en mi vida? ¿Será esto lo que quiero que mis hijos aprendan del amor y las relaciones?

Violación en el matrimonio

Si prefiere quedarse con su pareja, también deberá estar consciente de la diferencia entre una vida sexual saludable y la violación en el matrimonio. Sencillamente, la diferencia es esta: el consentimiento para tener sexo con su pareja. Si él la obliga en contra de su voluntad, eso es violación sexual en el matrimonio. Es común que un hombre que abusa de su pareja en otras formas, buscará controlarla o desquitar su ira obligándola a tener relaciones sexuales. Desafortunadamente, en ciertas culturas, incluyendo los segmentos más tradicionalistas de la nuestra, se considera propio que los hombres controlen a sus esposas y que le exijan sexo cuando sólo ellos lo desean. Y es considerado responsabilidad de la mujer, como esposa, cumplir el deseo de su cónyuge. Pero debe saber que obligar a la esposa a tener sexo representa un daño psicológico, así como también es contra la ley en Estados Unidos y la mayoría de los países de occidente.

La relación sexual debe ser una forma saludable de comunicarse dentro de una relación amorosa. Cuando se vuelve obligada o abusiva, deja de ser una forma de comunicación íntima. Muy probablemente perderá todo interés en compartir la sexualidad con su compañero; si él la obliga a tener relaciones sexuales, esto se convertirá en una experiencia traumática en vez de placentera. Las mujeres a quienes las violan sus parejas se sienten amenazadas, con miedo, brutalizadas y denigradas. También podrían sufrir lesiones físicas. Esto no suena a amor, ¿verdad?

¿Y qué de esos momentos en los que quiere complacer a su marido aunque usted no sienta el deseo sexual? Si está dispuesta a complacerlo debido a que siente ternura por él y disfruta su compañía, esta situación no es violación en el matrimonio. O sea que si está dispuesta a complacerlo aunque no tenga el deseo, y se siente cómoda con él durante el acto sexual, usted está dando su consentimiento.[1] Pero cuando su esposo la obliga en contra de su voluntad, cuando le ha dicho que no y él de todas maneras prosigue, no está dando su consentimiento: éste es un acto de violación.

El siguiente ejercicio de Cierto/Falso le ayudará a poner en claro la relación sexual con su pareja.

¿Es violación en el matrimonio o es amor?

La violación en el matrimonio implica obligarla a que haga algo en contra de su voluntad, en un acto abusivo. Por otro lado, un encuentro amoroso sexual, aunque no necesariamente tenga el deseo, es un momento de comunicación íntima con la pareja. Las siguientes declaraciones le ayudarán a determinar la naturaleza de sus encuentros sexuales con su pareja. Marque Cierto o Falso en cada una.

1. Cuando estamos teniendo relaciones sexuales, tengo emociones agradables hacia mi esposo/pareja. _____
2. Al momento de tener relaciones sexuales siento que mi esposo/pareja me brinda afecto. _____
3. Aún cuando no tengo ganas y tenemos sexo, me gusta cuando mi pareja me acaricia y me besa. _____
4. Mi pareja es tierna durante las relaciones sexuales. _____
5. Después de tener una relación sexual, me siento feliz y a gusto conmigo misma. _____
6. Mi pareja es exigente y está enojado cuando tenemos relaciones sexuales. _____
7. Cuando estamos teniendo relaciones sexuales siento miedo. _____
8. Con frecuencia mi pareja intencionalmente me hace daño durante el acto sexual. _____
9. Tengo miedo de que si le digo que no a tener relaciones sexuales, mi pareja tomará represalias _____
10. Cuando tenemos sexo me siento violada y denigrada. _____

Si marcó los números del 1 al 5 "Cierto", probablemente su relación sexual es saludable. Si marcó cualquiera de las declaraciones del #6 hasta el #10 como "Cierto" sus encuentros sexuales no son sanos y podrían definirse como violación en el matrimonio.

Si piensa marcharse

La mayoría de las víctimas de maltrato no quiere que termine su relación; lo que sí quieren es que su pareja cambie. Quieren que haya un alto al abuso para que la relación regrese a lo que posiblemente fue al principio: más amorosa y nada abusiva. Antes de que tome una decisión sobre lo que desea hacer, es buena idea hablar con alguien de confianza y contarle su historia. Dígale lo que está pasando en su hogar. La persona puede ser una comadre de confianza, un pariente, un miembro del clero o un consejero. Si hay más de una persona con los que se sienta cómoda hablando de este asunto, mucho mejor. Pero si va a ejecutar su plan de acción, necesitará ayuda de por lo menos otra persona que esté enterada de lo que está pasando y que de corazón vele por su bienestar.

Cuando llegue al punto en que comprenda que el comportamiento abusivo de su pareja va en aumento, y que su propia vida y la de sus hijos están en grave peligro, es cuando se dará cuenta de que es momento de marcharse. Quizás su relación ya ha llegado a este punto. Si es así, necesitará proceder con cuidado y cautela. Desafortunadamente, los abusadores no dejan de serlo cuando su pareja los deja; de hecho, con frecuencia se ponen más furiosos y violentos. El Centro Nacional para Víctimas del Crimen conjuntamente con WomensLaw.org (www.womenslaw.org), ofrecen las siguientes recomendaciones a mujeres que contemplan dejar a sus parejas abusivas.

Preparándose para marcharse

- Conserve cualquier prueba de abuso físico. Asegúrese de conservar esas pruebas en un lugar seguro donde su agresor no las encontrará. Las pruebas pueden ser:
  - Cualquier fotografía que tenga de moretones u otras lesiones. Si está tomando las fotos procure ponerles fecha.
  - Ropa desgarrada
  - Objetos caseros que su agresor haya roto o quebrado
  - Retrato que muestre cómo queda la casa destruida o desordenada después de que ocurre el episodio de violencia.
  - Documentos de doctores o de la policía, evidenciando el maltrato.
  - Un diario que documente el abuso. Anote cómo la agredió, de qué manera la ha amenazado, y cuándo ocurrieron estos incidentes.
  - Cualquier otra cosa que le ayude a mostrar que fue víctima de maltrato.
- Sepa adónde puede ir para recibir ayuda. Este sitio web (www.womenslaw.org) tiene listas de organizaciones contra

- la violencia doméstica y recursos legales en cada estado. Para encontrar estas listas haga clic donde dice: "Where to Find Help" (Dónde encontrar ayuda).
- Además, la línea directa de Violencia Doméstica Nacional puede comunicarla con alguien que le ayude en su área: 1-800-799-SAFE o al 1-800-799-7233.
- Dígale a alguien de confianza lo que le está pasando.
- Si está lesionada, visite al médico o vaya a una sala de urgencias. Dígales lo que ocurrió. Pídales que documenten su visita y lo ocurrido. Obtenga una copia.
- Haga planes con sus hijos. Infórmese de un sitio seguro a dónde pueda ir con sus hijos. Éste podría ser una habitación con llave o ir a casa de una amiga donde ellos puedan pedir ayuda. Asegúrese de que sus hijos sepan que lo primordial es que ellos se protejan, y no protegerla a usted.
- Comuníquese con la organización de violencia doméstica o albergue de mujeres golpeadas en su área. Ellos la pondrán al tanto de leyes y otros recursos disponibles antes de que se vea en la necesidad de usarlos durante una crisis.
- Procure ahorrar dinero. Puede pedirle a sus amistades o familiares que le guarden ese dinero para que no se lo gaste su agresor.
- Puede obtener una orden de restricción para su seguridad. Pero aunque obtenga una orden de restricción, debe tomar otras precauciones de seguridad para usted y sus hijos. No siempre una orden de restricción legal es suficiente para mantenerla segura. Investigue en las páginas del estado donde vive, en el apartado de "Know the Laws" (Conozca las leyes), en el sitio www.womenslaw.org, el cual informa de las órdenes de restricción.

¿Por qué es importante juntar pruebas del maltrato y abuso de su pareja? Porque las autoridades podrían necesitar ver pruebas de sus lesiones físicas para poder ya sea arrestarlo, o emitir una orden de restricción que asegure que usted y sus hijos estén protegidos. En ocasiones las mujeres llaman a la policía, y si no hay pruebas del abuso —ni marcas o moretones— las autoridades no pueden hacer nada. Por eso es aconsejable fotografiar cualquier cicatriz o moretones que haya recibido; póngale fecha a las fotos, y luego muéstreselas a las autoridades.

¿Qué tal si llama a la policía y no obtiene los resultados que necesita? De igual forma puede acudir a la estación de policía y llenar allí el reporte. Actúe independientemente de lo que al inicio le pueda haber negado la policía. Las autoridades están ahí para ayudarle, así que asegúrese de recibir la ayuda a la que tiene derecho. Y recuerde: no importa si es documentada o indocumentada, siempre tiene el derecho a ser protegida de los malos tratos.

También recuerde que al denunciar a su pareja con las autoridades, de ninguna manera está poniendo en peligro a sus hijos. Existe un concepto equivocado de que si una mujer agredida le dice a la policía que su esposo es violento, las autoridades les quitarán a los niños. Es todo lo contrario. Cuando una mujer denuncia a su pareja abusiva, se la percibe como una persona responsable que sabe protegerse a ella y a sus hijos, y las autoridades jamás le quitarán sus hijos. Sin embargo, si una mujer *no denuncia* la violencia doméstica, y los niños son testigos de dicha violencia, se considerará que ella está protegiendo al agresor a expensas de las criaturas. En otras palabras, ella está fallando en proteger a sus hijos, y la agencia de servicios sociales podría retirar a los niños del hogar. Así que nuevamente, a usted no le quitarán a sus hijos si denuncia la violencia en el hogar. No obstante, le quitarán a los niños si no denuncia la violencia de la cual ellos han sido testigos.

WomensLaw.org (www.womenslaw.org) proporciona información legal fácil de entender y apoyo en el Internet para mujeres que viven o están escapando de la violencia intrafamiliar. Allí puede informarse de las leyes en el estado donde vive, así como también enterarse de cómo puede conseguir una orden de restricción, cómo bajar del Internet los formularios de la corte, a quién llamar, y cuáles son los recursos disponibles en su área.

Mientras contempla adónde acudir cuando se marche, por favor tome en cuenta que los albergues de mujeres están a su disposición. No importa si está documentada o no, usted y sus hijos pueden ir a un albergue y permanecer allí, ya sea temporalmente o por el tiempo que sea necesario. Así que averigüe dónde está el albergue más cercano y sepa que es una opción viable.

Nuevamente, requerirá de su discreción diplomática hacer las averiguaciones y juntar la información adecuada para cuando se marche. Podría utilizar la computadora de una amiga o una en su biblioteca más cercana, para que su pareja no pueda darse cuenta de lo que ha estado averiguando. Necesitará comportarse lo más normal y calmada posible para que su pareja no sospeche que está organizando un plan para dejarlo. Es también importante permanecer tranquila para tomar decisiones inteligentes, aunque en este momento mientras elabora un plan de acción, quizás no esté nada calmada.

Parte de ser una diplomática eficiente durante estas difíciles circunstancias es comprometerse sin poner en peligro su integridad, al mismo tiempo de saber lidiar con alguien que la está amenazando. Usted tiene estas habilidades aunque es un desafío emplearlas durante esta etapa de crisis intensa. No olvide recurrir a sus comadres para que le ayuden. Si tiene miedo de utilizar su propio teléfono celular, use el de una amiga. Pídale y acepte su ayuda para organizar y efectuar su plan para dejarlo.

Otra organización que ofrece valiosos consejos para las mujeres que están planificando terminar con una relación abusiva es el Fondo de Prevención de Violencia Familiar (FVPF por sus siglas en inglés). Su página web es: www.endabuse.org/resources/gethelp/#dv. Allí les facilitan el plan con las siguientes preguntas. Le ofrezco un espacio para que usted pueda responderlo.

Si está por dejar a su pareja, hágase las siguientes preguntas

- ¿Cómo y cuándo será el momento más oportuno para irme con seguridad? ¿A dónde iré?

_____

_____

_____

- ¿Me siento cómoda llamando a la policía si la necesito? _____
- ¿En quién puedo confiar para decirles que me voy?

  _____

  _____

  _____

- ¿Cómo me trasladaré con seguridad al trabajo o a la escuela a recoger a mis hijos?

  _____

  _____

  _____

- ¿Cuál es el número de teléfono y domicilio del albergue de mujeres en mi área?

  _____

El Fondo de Prevención de Violencia Familiar agrega que si hay una orden de desalojo en contra de su pareja o usted ya está viviendo sola, podría hacer lo siguiente:

- Cambie las cerraduras y candados en puertas y ventanas.
- Instale un sistema de seguridad; colocar barras en las ventanas, candados, mejor iluminación, detectores de humo y extintores de incendio.
- Instruya a los niños a llamar a la policía o a familiares y amistades si alguien se los lleva por la fuerza.
- Hable con las escuelas y proveedores de cuidado infantil sobre quién tiene permiso para recoger a los niños.
- Encuentre a un abogado especialista en asuntos de violencia familiar para que le asesore sobre cuestiones de custodia, régimen de visitas y provisiones de divorcio que la protegerán a usted y sus hijos.
- Obtenga una orden de restricción.

La **FVPF** también aconseja que al elaborar un Plan de Seguridad considere además medidas de seguridad en su sitio de empleo. Yo sugiero que si piensa que está en peligro, necesita hablar primero con su empleador e informarle sobre lo que está pasando en el hogar. Luego podrá proceder con lo enumerado en esta lista. Podría estar renuente a decir algo, debido a que no quiere involucrar a su empleador o arriesgar su empleo, pero es muy importante informarle. Se ha dado un número de casos en los que el autor del abuso doméstico llegó al sitio de trabajo de su pareja y allí se puso violento. Así que hable con su empleador y luego considere estos pasos:

Plan de seguridad en el empleo

- Estaciónese cerca de la entrada del edificio de trabajo, y hable con el personal de seguridad, la policía o el gerente, si teme una agresión en el lugar de trabajo.
- Controle las llamadas de teléfono que reciba, hágalas transferir al departamento de seguridad, o borre su nombre y teléfono del sistema de directorio automatizado.
- Cambie su espacio de trabajo a una zona más segura.
- Obtenga una orden de restricción y asegúrese de que está al corriente y a la mano en todo momento. Incluya el sitio de trabajo en la orden. Debe proporcionar una copia a la policía, supervisor, departamento de recursos humanos y oficinas de recepción, departamento jurídico, y personal de seguridad.
- Conserve cualquier correo electrónico o mensaje de voz. Puede utilizarlos para tomar acción legal en el futuro, si así lo desea. Si ya tiene una orden de restricción, los mensajes pueden servir como prueba en la corte de que la orden ha sido violada.
- Déles una foto de su pareja a las oficinas de recepción y/o a seguridad.
- Proporcione un contacto de emergencia en caso de que su empleador no pueda comunicarse con usted.

- Pídale al personal de seguridad que la escolte a su vehículo o transporte público.
- Considere horas alternas o diferentes sitios de trabajo de la misma empresa.
- Revise los arreglos en torno a medidas de seguridad realizados con proveedores de cuidado infantil, ya sea que estén en el mismo lugar del trabajo o en otro lugar. Si tiene una orden de restricción, generalmente puede ser extendida a centros de cuidado infantil o guarderías.

Sus derechos legales-independientemente de su estatus migratorio legal

Si le preocupa comunicarse con la policía o con otra autoridad legal porque usted no es una inmigrante legal, la Coalición Nacional En Contra de la Violencia Doméstica y el Centro de Justicia de Mujeres, quieren que usted esté enterada de lo siguiente:

Derechos y opciones legales

- Si es víctima de agresión, violación o abuso sexual, usted es víctima de un crimen. El Centro de Justicia de Mujeres indica que independientemente de su estatus migratorio, "tiene derecho a los mismos servicios que se les brinda a víctimas de crímenes nacidas en Estados Unidos".
- De acuerdo a la ley, todo individuo en este país —incluyendo inmigrantes indocumentados— tiene igual derecho a protección. Esto quiere decir, entre otras cosas, que tiene derecho a un intérprete si no habla inglés. Cuando necesite los servicios de agencias públicas tales como policía, centros de asistencia para víctimas y los tribunales, tiene derecho a que alguien le traduzca. No permita que la policía le exija que utilice a un

miembro de su familia o amigo para que sirva de intérprete. Esto podría inhibirlo de decir todo lo que necesita confesar. Insista en que le den un intérprete profesional.
- Si ha sido víctima de agresión, violación o abuso sexual, tiene derecho a que se le de asistencia y asesoría como víctima.
- Si depende de su agresor para solicitar su tarjeta de residencia, y él la amenaza con frenar la solicitud si lo abandona, usted tiene el derecho a dejarlo y continuar con la solicitud por cuenta propia.
- Para mayor información, comuníquese con las siguientes organizaciones:
    - Coalición Nacional Contra la Violencia Doméstica www.ncadv.org
    - Centro de Justicia de Mujeres www.justicewomen.com

La historia de Teresa—
"Ahora aconsejo a otras mujeres que elaboren un plan"

Teresa tenía la intención de ser diplomática al hacer los planes necesarios antes de dejar a su esposo abusivo. Sin embargo, y desafortunadamente, ella no tenía acceso a recursos que le informaran de cómo efectuar su plan de terminar con la relación abusiva. Acabó por dejar a su esposo, pero su partida propició un incidente violento, en lugar de una bien pensada estrategia de salida. Me contó que si hubiera sabido lo que sabe ahora, hubiera elaborado un plan bien organizado antes de dejar a su esposo. Lo importante es que ella y su hijo salieron del ambiente abusivo y se pusieron a salvo.

La historia de Teresa es similar a la de muchas otras sobrevivientes que quedan atrapadas en una crisis que se torna cada vez peor. Antes de conocerlo bien, se casó con Tomás, y se dio cuenta de que él abusaba de las drogas. Hubo una "alerta roja" cuando le comentó que había abofeteado a su primera esposa, de quien siempre se refería en términos despectivos. Teresa se decía que "él jamás me haría eso a mí", pero en el transcurso de la relación, Tomás se enojaba seguido y la insultaba. Una vez la empujó contra la pared, y Teresa le dijo que si volvía a ocurrir eso, ella lo dejaría. Al correr el tiempo, los brotes de ira de Tomás fueron más frecuentes, generalmente cuando estaba bajo los efectos de la droga.

Teresa se dio cuenta que tenía que salirse de esa relación, aunque ahora ya tenían un hijito y le mortificaba que el matrimonio no hubiese funcionado. Empezó a pensar sobre cómo podría dejarlo sin alertarlo. Debatiendo en su mente sobre si podría o no irse a casa de sus padres, a Teresa le preocupaba que sus padres que eran muy tradicionales pudieran avergonzarse de ella por no conservar su matrimonio intacto. Pero sabía que tenía que irse a algún lugar. Se dijo a sí misma, "cuando Tomás no esté en casa, empacaré y me iré". Pero sus planes no estaban completamente consolidados y permaneció a su lado.

Luego, un fin de semana Teresa le comentó a Tomás sobre su deseo de regresar a la escuela y hacer una carrera como oficial de policía. Le dijo que para que ella pudiera hacer eso, él tenía que dejar de traer drogas al hogar. "Yo le dije que creía que él no debería traer marihuana a la casa porque sería hipócrita de mi parte pensar en ser policía y tener droga bajo mi techo. También pensaba en nuestro hijo de tres años de edad". Discutieron acaloradamente y Tomás se enojó mucho. Entonces Teresa le dijo que la relación no funcionaba y que quería irse. No tenía pensado decírselo en ese momento, pero a esas alturas, "ya no lo soportaba", dijo.

Tomás se puso furioso, insultándola y diciéndole que se "fuera a la chi***** de ahí". Así que Teresa respondió, "está bien, me voy y me llevo a mi hijo". Siguió una lucha física, y Tomás le arrebató a la criatura de sus brazos, gritándole "¡de ninguna manera! ¡Tú no te lo llevas!" Ella dejó que Tomás le quitara al niño porque temía que le fuera a hacer daño. Luego anunció que llamaría a la policía y corrió a tomar el teléfono, pero Tomás la empujó contra la puerta corrediza, aplastándole la mano contra el picaporte. Empezó a llorar y fue al cuarto de baño a vendarse la mano mientras su esposo lo seguía gritándole disparates. Lleno de ira arrancó el teléfono del enchufe, mientras sostenía al niño en los brazos.

Cuando Tomás se dio cuenta de que Teresa tenía intenciones serias de llamar a la policía, le devolvió el niño diciéndole "aquí está, llévate a tu hijo y vete". Ella se fue a la casa de sus padres y desde allí llamó a la policía. Desafortunadamente, a Tomás no lo arrestaron. La ley era diferente en esos tiempos. Tomás aseguraba que Teresa también lo había golpeado aunque ella únicamente lo había empujado en defensa propia. A él lo obligaron a asistir a clases para controlar la agresividad y a recibir consejería para dejar las drogas, pero de todas formas ganó la custodia compartida de la criatura, aunque el análisis de drogas resultó positivo.

Teresa cuenta que debido a que el sistema no funcionó para ella, se propuso ayudar a otras mujeres para que no tuvieran que aguantar lo que ella pasó. Decidió que aparte de sus planes de obtener una carrera en el orden público, se dedicaría a dar consejos a mujeres sobrevivientes de abuso intrafamiliar. Cuatro años más tarde obtuvo un título en Justicia Penal con un certificado en Ciencia Forense, y también se convirtió en agente del orden. Además, obtuvo una certificación para desempeñarse como consejera en asuntos de violencia doméstica. Hoy día continúa ayudando a víctimas, llevándolas a albergues y aconsejándoles cómo mantenerse seguras. Este es el consejo que Teresa les ofrece a las mujeres que desean abandonar una relación abusiva, consejo que ella hubiera deseado tener hace nueve años:

Consejos de Teresa para mujeres que desean dejar una relación abusiva

1. Documente todo lo que ocurra. No es suficiente pararse frente a un juez y declarar lo sucedido. Tiene que tener todo bien documentado: fechas, horas, en qué parte del cuerpo fueron las heridas, detalles de lo ocurrido, y si es posible, fotografías de moretones y lesiones. Si no hace esto, el caso podría limitarse a su palabra contra la de él.
2. De ser posible, grabe a sus hijos hablando de cómo se sienten en este hogar. No les haga preguntas insinuantes como: "¿Qué le hizo papi a mami? En vez de eso, grabe una conversación abierta con

sus niños; invítelos a contar lo que están pensando y cómo se sienten. Si logra grabar dicha conversación, esta será una prueba muy importante para un potencial caso de custodia.
3. Cuente con un plan realista de escape que pueda cumplir, incluyendo adónde irá y qué se llevará. Tenga todos sus documentos importantes, dinero y objetos de valor en un sitio donde se los pueda llevar y salir inmediatamente.
4. Familiarícese con recursos accesibles e infórmese de lo que pueden proporcionarle. Muchos albergues, por ejemplo, proveen ropa para mujeres y sus hijos, productos de higiene, pañales, juguetes y muchos otros artículos necesarios.
5. No se avergüence de pedir ayuda a amistades confiables o miembros de su familia. Alértelos con anterioridad sobre lo que está pasando en su relación, que necesitará quedarse con ellos por algún tiempo y contar con ellos para otras formas de ayuda.
6. Si es inmigrante, podría sentirse completamente sola en un país extraño sin familia, sin dinero, sin educación, sin saber inglés y sin alternativas. Pero siempre hay opciones para combatir la violencia doméstica. La prioridad es su seguridad y la de sus hijos. Tenga en cuenta que existen organizaciones que ayudan a mujeres inmigrantes víctimas de violencia doméstica.

Hoy Teresa está feliz sabiendo que "puedo plantar una semilla al brindarles información que permita a las mujeres que necesitan abandonar su hogar, saber cómo prepararse y hacerlo". Agrega que "las mujeres necesitan saber que hay opciones. No tienen que sentirse intimidadas por amenazas y violencia".

Yo creo que Teresa es un hermoso ejemplo de alguien que ha dedicado su vida a ayudar a otras mujeres que han experimentado el dolor que ella sufrió también. Al instruir a sobrevivientes de violencia intrafamiliar sobre cómo elaborar un plan para dejar una relación abusiva, ella es una diplomática en toda la extensión de la palabra.

Afirmaciones de la diplomática

Confío en que tendrá más confianza en usted misma cuando pronuncie las siguientes afirmaciones (en voz alta o en silencio). Descubrirá que dentro de usted lleva ese deseo de protegerse a usted y a sus hijos. Ha podido superar otras situaciones desafiantes en el pasado, y ahora podrá superar esta situación difícil también. Confíe en su fortaleza, en su Latina Power para sacar adelante su plan y crear una vida segura. No tiene que sufrir; puede utilizar su fortaleza de Latina Power para crear una vida más feliz y plena para usted y los suyos.

Afirmaciones

- Me voy para hacer una nueva vida, la que siempre soñé para mí y mis hijos.
- Reconozco que no puedo hacer esto yo sola. Necesito aceptar ayuda de aquellos que me quieren.
- Acepto que no puedo cambiar o aplacar a mi pareja. No ha funcionado en el pasado y no funcionará en el futuro. Ahora necesito hacer algo diferente para mí y mis hijos.
- Quizás me siento frágil, pero en mi interior sé que soy fuerte, y tomaré más y más fuerza mientras aprendo a confiar en mí misma.
- Confío en poder utilizar mi discreción diplomática para elaborar un plan de acción para una vida más feliz.

Ahora anote sus propias afirmaciones que le animarán mientras crea su propio plan de acción.

Mis afirmaciones personales

Capítulo 8

Seguridad de la Reina para disfrutar su vida y ayudar a otras sobrevivientes de abuso doméstico

Cuando una mujer siente la confianza en sí misma a la que tiene derecho, se siente como Reina. Se respeta a sí misma y también los demás la respetan. Ella sabe que su fortaleza interna le capacita para enfrentar exitosamente cualquier dificultad o reto que pueda presentarse. Esto le permite tomar la iniciativa para compartir su fuerza también ayudando a los demás.

La mujer lleva en su interior la capacidad de gozar de su vida como si fuera una *Reina*. Al emplear su Fortaleza de Latina Power —su creatividad, determinación, valor, habilidad de relacionarse y pedir ayuda para establecer un equilibrio saludable y saber cómo y cuándo hacer las cosas— se sentirá poderosa para decir NO al maltrato y se permitirá ser la persona que siempre debió ser.

Llegar a ser una *Reina* no solamente es decir no a las relaciones abusivas. Se trata de decir SÍ a una existencia más feliz. Se trata de darse el tiempo necesario para sanar del dolor y luego permitirse gozar la vida sin temor, intimidación, sin cerrar los ojos para negar que está en una relación abusiva. Ya sea que deje a su pareja o permanezca con la esperanza de que realmente él cambie, la nueva fuerza que ha adquirido y la confianza en si misma que ha desarrollado le facilitarán su vida cotidiana con más energía positiva y sabiduría. Y una vez que supere esta crisis, su triunfo sobre el maltrato le inspirará a ayudar a otras mujeres que enfrentan circunstancias similares. Ser una *Reina* representa gozar la vida, apreciar su propia fuerza, y compartirla con otras mujeres al igual que con sus propios hijos.

Así que en este capítulo le invito a que aprenda más sobre la *Reina* en la que está a punto de convertirse y acogerla de todo corazón.

Extrañándolo

A esta altura podría preguntarse: ¿Cómo puedo sentirme fuerte y confiada cuando me siento tan sola y todavía extraño a mi pareja?' Apartarse de una relación abusiva produce tremendo alivio pero también podría causarle un sentimiento de soledad. Pese a todo el dolor que le pudo haber causado, quizás lo extraña. Posiblemente añora los buenos momentos que vivieron, los períodos amorosos que compartieron al principio de la relación, las cosas bonitas que le dijo en el transcurso de los años. Y ahora tal vez querría escuchar esas cosas nuevamente y volver a experimentar esos sentimientos. O quizás se ha acostumbrado a los malos tratos y ya se le hacen "normales".

Puede ser que sienta un vacío que, frecuentemente, es tan intenso que algunas mujeres regresan con su agresor (no por el deseo de ser maltratadas nuevamente, sino debido a que se sienten solas y no se ven haciendo los ajustes necesarios para una nueva forma de vida). La respuesta está en desarrollar su fuerza y la confianza en usted misma, y en gozar de la vida a diario. Estas dos estrategias son clave para hacer la transición a una nueva vida plena.

¿Qué tal si su pareja realmente ha cambiado y ya no es abusivo? La mayoría de los agresores sólo pueden dejar de serlo si participan y dan seguimiento a un riguroso tratamiento, explícitamente diseñado para programas de violencia intrafamiliar. Los hombres abusivos pero no golpeadores pueden cambiar cuando participan en otro tipo de terapias o clases para el control de la ira. En cualquiera de los dos casos, una vez que su esposo o novio ya no es más abusivo, puede resultarle aún algo difícil hacer el cambio de una vida de caos a una de tranquilidad. Podría resultarle extraño, pero es posible que extrañe *la forma en que él era* antes de recibir el tratamiento. No es que extrañe el abuso, pero tal vez eche de menos ciertos aspectos de la personalidad que ya no están vigentes, y le resulte difícil conectarse emocionalmente con él. Quizás lo encuentre sin esa intensidad o "pasión" que tenía, pero que iban a mano con los arranques o brotes de violencia. Por supuesto que usted no quiere ser maltratada nunca más, ni tampoco quiere vivir con alguien que la hace sentir insegura y en estado de alerta, pero es posible que no sepa como relacionarse con esa "nueva" persona que vive junto a usted.

Nuevamente, la clave para hacer ajustes y alcanzar una vida más pacífica es su propia auto confianza y fuerza interior, poniendo todo su empeño en gozar la vida o lo que usted considere apropiado bajo sus propios términos.

En este capítulo —el cual se concentrará en el uso de su confianza de *Reina* para que enfáticamente diga NO al maltrato— vamos a explorar cómo fortalecer su confianza, así como también su habilidad de gozar de una nueva manera de vivir. Los siguientes ejercicios pueden ayudarle a comunicarse con la naturaleza de esa confianza de Reina, que estoy segura está en su interior.

Recordando sus momentos de confianza

Todas hemos tenido momentos en la vida en los que nos hemos sentido particularmente seguras de nosotras mismas, cuando sabíamos que estábamos bien preparadas para lograr una meta o enfrentar algún reto. Recordar esos tiempos nos puede llenar de energía y ayudarnos a fortalecer nuestra fe en nosotras mismas.

¿Cuándo fueron los momentos en su vida cuando se dijo a sí misma, "¡estoy lista para esto! ¡Este es un reto que puedo enfrentar! ¡Yo tengo lo que se requiere para lograrlo!"? Ahora que está a punto de iniciar una vida pacífica, ahora que ya no lleva a cuestas la carga de los maltratos, me gustaría que recordara esas ocasiones anteriores, cuando tenía gran confianza en sí misma. Recordar esos tiempos le animará a retomar ese sentimiento poderoso de confianza en sí misma.

Le ofrezco algunos ejemplos para que inicie este ejercicio.

Momentos en mi vida cuando me tuve mucha confianza

- Me sentí segura que podría conseguir un trabajo.
- Me sentí segura de mí misma cuando fui a una fiesta y supe que podía hacer nuevas amistades.
- Me sentí segura de mí misma en las clases y supe que podía obtener buenas calificaciones.

Momentos en mi vida en los que me siento segura de mí misma

- Me sentí segura de mí misma cuando....

_____

_____

_____

- Me sentí segura de mí misma cuando....

_____

_____

_____

- Me sentí segura de mí misma cuando....

_____

_____

_____

- Me sentí segura de mí misma cuando....

_____

_____

_____

Conversación con su *Reina* interior

Con esas experiencias pasadas de sentirse segura, ahora la invito a que sostenga una conversación con su *Reina Interior* donde usted se siente con la misma confianza y dignidad. En esta conversación permítase reconocer que ha probado su fortaleza en varias ocasiones, y que en su interior lleva la capacidad de gozar de una vida pacífica aún a pesar de todo lo que ha pasado. Tal vez su conversación resulte similar a esto:

Conversación con su Reina Interior (Ejemplo)

Su Reina Interior: Estoy orgullosa de ti por sobrevivir semejante relación tan dolorosa y por hacer los cambios que te permitirán gozar de una vida llena de paz.

Usted: A veces es difícil recordar esos tiempos en que sentía seguridad en mí misma.

Su Reina Interior: Se debe a que has vivido con estrés por mucho tiempo. Pero los pasos que has dado te han llevado hacia una vida más feliz, comprobando que eres una persona valiente. Eres una sobreviviente y sé que en tu interior llevas esa fortaleza.

Usted: Quiero creer en mí misma pero no siempre es fácil.

Su Reina Interior: Yo creo en ti. Has manifestado tu fortaleza y confianza en ti misma en otros momentos de tu vida. Y puedes volver a ser fuerte. Sé que puedes.

Conversación con mi Reina Interior

Mi Reina Interior:

_____
_____
_____

Yo:

_____
_____
_____

Mi Reina Interior:

_____
_____
_____

Yo:

_____
_____
_____

Mi Reina Interior:

_____
_____
_____

Esta conversación con su *Reina Interior* le permitirá sentirse segura y orgullosa de sí misma. Al explicarse a usted misma y escribir las razones de su autoconfianza, está reconociendo esos sentimientos aunque al principio le resulten desconocidos. Piense en los motivos que tiene para sentirse orgullosa y las razones por las cuales confía en que podrá llevar una vida pacífica. Ahora, anótelos:

Estoy orgullosa de mí porque

_____
_____
_____
_____
_____
_____

Tengo seguridad en que podré llevar una vida pacífica porque

_____
_____
_____
_____
_____
_____

Gozando su vida

Cuando ha sido agobiada por el caos que produce el maltrato, gozar de la vida podría parecerle un concepto extraño. Pero ahora ya está en el camino de ser la Reina, rumbo a una existencia pacífica, y merece tratarse bien. Merece ser feliz y, si tiene hijos, sus niños merecen verla feliz. Será una experiencia maravillosa tanto para usted como para sus hijos si comienza a sentir el placer de vivir cada día de su vida.

¿Cómo empezar a gozar de la vida nuevamente, o quizás por primera vez? Un sencillo consejo es que haga cosas que le aporten felicidad, aun las más pequeñas. Puede ser algo tan sencillo como un relajante baño de burbujas al terminar el día, dar una tranquila caminata el sábado por la mañana, llevar a los niños al parque para gozar de un día al aire libre o salir a tomar un café con una amiga. La idea es que goce del momento en todo lo que haga. Ahora que ya no tiene que lidiar con maltratos, o vivir con el temor del próximo arranque de violencia de su pareja, podrá darse más tiempo y atención a sí misma. Podrá darse el "lujo" de gozar hasta de los momentos más sencillos de su vida.

Gozar de la vida no significa que tenga que emprender viajes costosos o salir de la ciudad cada fin de semana. Me refiero a los placeres cotidianos que ahora están disponibles. Aunque esté ocupada con sus hijos y su trabajo, aún así puede gozar de las pequeñas cosas que de otra manera pasan inadvertidas. ¿Recuerda cuando era niña y le encantaba lavar los platos con su mamá? ¿Tal vez le gustaba meter las manos en el jabón de los trastes o chapotear el agua en el fregadero? ¿O quizás se divertía ayudándole a mamá a doblar la ropa limpia? También puede inculcar el mismo sentido de diversión en las tareas cotidianas. ¿Recuerda como gozaba jugando con sus muñecas haciéndola de mami? Bueno, si ahora tiene a sus propios hijos… ¡gócelos! Ya no necesita más estar preocupada, simplemente disfrute pasar tiempo con ellos. Goce de sus ocurrencias infantiles, de su espíritu jovial, de su sentido de aventura.

Si tiene un empleo, agradezca tenerlo. Vaya al trabajo con su actitud más positiva y propóngase descubrir hasta las cosas más pequeñitas que le dan placer al desempeñar sus labores. Si está en la escuela, agradezca la oportunidad de aprender, y goce la experiencia. Encuentre el placer en cada una de las cosas que haga. Aquí tiene algunas sugerencias que podrían serle útil para descubrir la dicha en las actividades cotidianas.

Descubriendo la dicha oculta en su vida cotidiana

1. Experimente algo nuevo cada día. Siembre una nueva planta en su jardín o en una maceta, sintonice una estación de radio que jamás

había escuchado antes, o prepare un nuevo platillo para la cena. Hasta probar un nuevo tipo de fruta que no haya degustado antes podría ponerla en un estado de ánimo mediante el cual verá que la vida es rica y variada y que siempre ofrece nuevas posibilidades.

2. Haga un cambio en su casa o apartamento para que se sienta un ambiente fresco y rejuvenecido. No tiene que ser un cambio grande. Coloque flores frescas en su dormitorio o en el cuarto de baño. Incluya nuevos colores a su alrededor. Cambie de lugar los muebles para que la habitación se sienta como nueva. Ilumine su casa retirando cortinajes pesados y abriendo ventanas para aumentar la ventilación, o simplemente corra las cortinas para que entre nueva energía a su hogar.

3. Deshágase de la ropa vieja que podría entristecerla o hacerla lucir poco atractiva. En lugar de eso, vístase de colores y estilos que le levanten el ánimo e inspiren energía positiva. No tiene que ir de compras, haga nuevas combinaciones con lo que ya tiene, para que se sienta feliz al verse en el espejo.

4. Regálese un nuevo estilo de peinado o corte de pelo que le permita sentirse mejor y verse a sí misma bajo una nueva luz.

5. Abra su corazón a la posibilidad de recibir nuevas amistades y amor. No me refiero al amor de un hombre, sino a amistades, las comadres, la familia y los hijos. Goce de la compañía de las amistades que le traen alegría y deje ir aquellas que son negativas y criticonas. Llene su vida con gente que la hace sentir bien. Y si por el momento no tiene amistades ni familia en su vida, vaya al parque a ver a los niños jugar. Hable con la gente en la playa, o en cualquier otro sitio que escoja. Recuerde que nosotros los seres humanos nos necesitamos mutuamente, así que haga amistades y converse. Estar con gente positiva y sociable le levantará el ánimo y le renovará la fe en sí misma y en los demás.

6. Cada mañana cuando despierte, déle la bienvenida al nuevo día. Si es cálido, aprecie el sol; si está lloviendo, valore todo lo que hace la lluvia por la Tierra. Agradezca que está con vida y que pueda gozar de un nuevo amanecer. Mientras recibe el nuevo día, piense en sus

intenciones positivas. Dígase a sí misma que va a gozar de todo lo que haga hoy, sea estar con los niños, llevar al perro con el veterinario, ir a trabajar. Aunque su trabajo no le parezca tan agradable, dígase a sí misma que va a tratar de encontrarle algo positivo, con la intención de hacerlo placentero para usted.

7. Al recibir el nuevo día, si algo le está molestando, ponga su buena intención en lograr un cambio positivo. Convierta su queja en una propuesta positiva para implementar cambios en su vida. (Véase *"Convirtiendo quejas en intenciones positivas"* a continuación).

Cuando toma la iniciativa de revigorizar su vida, sintiendo más placer en las cosas cotidianas, usted está creando una nueva razón de vivir. Pero sea paciente, porque a veces toma tiempo hacer cambios positivos. A veces añoramos algo por mucho tiempo (en este caso, una vida pacífica sin dolor y sin el caos del maltrato) y luego, una vez que lo tenemos, no sabemos qué hacer con ello. Ahora que tiene la vida tranquila que deseaba, le podría llevar algún tiempo acostumbrarse. Pero si se concentra en gozar de cada momento, hasta de los más pequeños de su vida cotidiana, pronto será compensada porque es usted quien ha hecho esos cambios.

¿Cuál es su plan para gozar de la vida?

Aproveche esta oportunidad para hacer una lista de algunos cambios que desea efectuar en el diario vivir, y en las actividades de las próximas semanas. Estos no necesitan ser cambios mayores. El énfasis debe estar en las cosas pequeñas que le traerán paz, dicha y felicidad.

Mis planes para gozar de mi nueva vida

Ahora que soy libre para gozar mi vida, estas son diez cosas agradables que pienso hacer:

1. _____

2. _____

3. _____

4. _____

5. _____

6. _____

7. _____

8. _____

9. _____
_____
_____

10. _____
_____
_____

Convirtiendo las quejas en intenciones positivas

Podemos tomar la decisión de convertir nuestras quejas en intenciones positivas. En lugar de concentrarnos en *lo que no queremos* en nuestra vida y quejarnos, podemos prestar atención a *lo que queremos* y crear un plan para una vida mejor. Cuando usted se queja, su atención está dirigida a experiencias negativas, y de esa manera las mantiene vivas. Haga la prueba de lo siguiente: cada vez que se queje, pregúntese: ¿qué *quiero para mí y para mis hijos?* Considere qué es importante para usted y cómo quiere vivir su vida de acuerdo a sus propios valores.

Confrontando pensamientos negativos

Este ejercicio le ayudará a darse cuenta de sus pensamientos negativos y convertirlos en intenciones positivas. Durante este proceso, ¡Usted se sorprenderá de toda la negatividad que carga en tan solo un día!

1. Apunte en un diario o grabe en un CD todo pensamiento negativo que llegue a su mente durante un período de veinticuatro horas.
2. Al término de las veinticuatro horas, lea o escuche los pensamientos captados y observe todo lo que pensó que era negativo. Enumere cuántos pensamientos negativos tiene en un solo día.
3. Por las siguientes veinticuatro horas, no se permita quejarse o tener pensamientos negativos. En el momento en que se dé cuenta que

acuden pensamientos negativos a su mente, sólo diga: "No. No te tomaré en cuenta. No te voy a contemplar". Luche contra esos pensamientos negativos y rechácelos de su mente por veinticuatro horas.

Le podría parecer simple, pero este ejercicio implica un intenso trabajo interior. No obstante, una vez que esté consciente de que todos esos pensamientos negativos y automáticos entran en su mente durante el día, comprenderá con qué facilidad se vuelven parte de su vida, bajándole el ánimo innecesariamente. Sabiendo esto, usted puede luchar en cambiar esas quejas por intenciones positivas.

Convirtiendo quejas en intenciones positivas

1. Escriba aquí sus quejas:

   _____

   _____

   _____

   _____

   _____

2. Cambie sus quejas por intenciones positivas. Por ejemplo:
   Queja: "Me molesto mucho cuando me critican injustamente"
   Intención positiva: Seré justa conmigo misma dándome cuenta que las críticas negativas no son un reflejo de mi misma. Tomaré en cuenta quién me critica y concluiré que esa crítica es incorrecta, sin enojarme.

   _____

   _____

   _____

Sus intenciones positivas pueden reconectarla con la parte más profunda de su persona, aún durante las tormentas emocionales que la hacen perder el contacto con su verdadero ser. Esto es particularmente cierto cuando está atravesando el proceso de decir NO al maltrato. Independientemente de cuánto extrañe lo que creyó tener en la relación con su pareja, sus intenciones positivas pueden proporcionarle un nuevo sentido a su vida personal y espiritual.

Este es otro ejercicio que puede ayudarla a desafiar sus pensamientos negativos.

Desafiando pensamientos negativos

1. Identifique los pensamientos negativos que le causan angustia. Por ejemplo, usted puede estar convencida de que no vale nada y que es imposible que la amen. Escriba aquí una lista de sus pensamientos negativos:

2. Probablemente estos pensamientos negativos sean percepciones erróneas e irracionales de usted misma. Para enfrentar estas suposiciones, pregunte a sus amigas y parientes que la quieren, si están de acuerdo con estas percepciones negativas. Haga una

lista de las personas a quienes puede pedir su opinión sobre estas suposiciones:

_____
_____
_____
_____
_____
_____

3. Una vez que le pregunte a sus amistades y familiares lo que piensan de esto, anote aquí sus respuestas:

_____
_____
_____
_____
_____
_____

¿Puede ahora defender sus creencias y pensamientos negativos? ¿Cuenta con pruebas objetivas que apoyen esas suposiciones? Es muy probable que no.

Por consiguiente, es importante que enfrente esos pensamientos negativos para poder negarles validez. Si teme que algo malo ocurra (como sucedió en el pasado) imagínese que ocurre y practique en su mente cómo afrontaría con éxito el problema. No puede cambiar el pasado, pero ahora tiene más experiencia y mejores recursos para superar una crisis similar.

Compartiendo su poder

Latina Power, o sea el poder de la mujer latina, crece cuando buscamos inspiración en cada una de nosotras, y reconocemos nuestro propio potencial en esas mujeres que compasivamente nos revelan su fortaleza. Cuando ha utilizado su Latina Power para mejorar su propia vida, entonces puede convertirse en un ejemplo inspirador para otras mujeres que actualmente enfrentan o algún día podrían enfrenta maltratos. Puede compartir su historia, dar apoyo, promover ideas, y brindar orientación a sus propias hijas, otras jóvenes y mujeres en su familia o comunidad, comadres y colegas. Puede motivar e informar a otras mujeres que no estén seguras si su relación pueda ser calificada de "abusiva" y desconocen la forma de tratar con una pareja que claramente es abusiva. O simplemente necesiten hablar con otra mujer que haya "estado en las mismas". Puede tomarse el tiempo necesario para escuchar a otra sobreviviente de abuso doméstico y poco a poco orientarla hacia las soluciones que ha descubierto leyendo este libro o participando en un grupo de apoyo.

Lo que aprendemos en nuestra vida lo podemos enseñar a otras mujeres, y tener la confianza en nosotras mismas como Reinas que somos de alentar a otras mujeres a que se valoren y utilicen su fortaleza interior para decir NO al maltrato. Utilizando las siete fortalezas de Latina Power para crear una vida más feliz y pacífica —y compartir ese poder con otras latinas— no solamente será gratificante para usted, sino que también favorecerá el bienestar de otras mujeres y de nuestras comunidades. Descubrirá que inspirar a otra mujer a que desarrolle su propio Latina Power, para que ella y sus hijos puedan evadir el dolor del abuso doméstico, será uno de los más valiosos regalos que le podrá obsequiar la vida.

El premio Nobel de la Paz y activista indígena guatemalteca, Rigoberta Menchú, lo dijo sabiamente: "La solidaridad nos enriquece. Nos hace sentir los problemas de los demás como propios, y nos brinda un buen espíritu. La cultura Maya nos ha enseñado que si uno da un poco, a cambio recibirá aún más. No únicamente bendiciones, sino que recibirá más recursos (…)".[1] Basada en esta filosofía, Rigoberta lleva consigo el mensaje de solidaridad: cuando damos, recibimos.

Hay veces que el proceso de dar y fortalecer a otros se realiza a través de la expresión artística.

La historia de Josie Mixon muestra cómo la poesía puede impactar otras vidas expresando su dolorosa realidad.

Josie Mixon—Compartiendo reflexiones de una vida de malos tratos

La destacada poetisa y orgullosa sobreviviente de abuso intrafamiliar, Josie Mixon, utiliza sus poemas para elevar la voz y compartir su experiencia con otras sobrevivientes. Por tal motivo, yo creo que ella es verdaderamente una Reina, alguien cuya confianza en sí misma, su fortaleza, y empatía, fortalece a otras mujeres. Pero Josie no siempre fue tan segura de sí misma. Habiendo sido testigo de los malos tratos que sufrió su mamá a manos de su padre, y ella misma como víctima del abuso infantil, Josie creció creyendo que de alguna manera sufrir era su destino. Hoy ya no cree eso, ni tampoco cree que una mujer deba aceptar una vida de abuso.

Durante los catorce años que aguantó un matrimonio abusivo, jamás fue a las autoridades o a un hospital porque quiso proteger a su esposo. Él era bombero y Josie no quería arriesgar su carrera. Hasta el final del matrimonio, nunca le dijo a nadie que la estaba maltratando. Culpándose a sí misma por el comportamiento violento de su esposo, se sentía responsable y avergonzada. "Yo siempre pensaba que era mi culpa porque eso era lo que él me afirmaba. Me decía: '¿Por qué me obligas a hacer esto?', y yo constantemente le prometía que iba a ser mejor esposa".

El momento del cambio para ella llegó cuando una tarde su esposo regresó del trabajo visiblemente disgustado. Le contó que había respondido a la llamada de emergencia de una mujer que había sido severamente golpeada por su esposo. Él le había dicho a la mujer que fuera al hospital, pero otros le aconsejaron que no, debido a que era prostituta y probablemente la arrestarían. Y durante el relato, el esposo de Josie irrumpió en llanto por la mujer maltratada; Josie sentía que le empezaba a brotar un prolongado sentimiento de ira contenida. Aquí tenía a su esposo llorando por una mujer extraña, mientras que por ella nunca había derramado una sola lágrima. Le contaba a Josie que "nadie merece ser tratado de esa manera" ¡cuando él mismo la había tratado de esa misma vergonzosa forma! Finalmente tuvo que preguntarse a sí misma por qué ella había aguantado la violencia de él por tanto tiempo. Recordó que la última vez que la golpeó había sufrido lesiones tan graves que tuvo que ausentarse del trabajo porque no podía manejar. La razón de la golpiza fue que su hija había llorado en casa de la niñera, y él culpó a Josie por irse a trabajar, en lugar de quedarse en casa con la niña.

Cuando le pregunté a Josie qué le dio fuerzas para finalmente dejarlo, me contó que cuando su esposo expresaba compasión por la mujer extraña, comprendió que a él no le importaba nada de ella. A partir de entonces empezó a sentir frialdad por él. Con frecuencia le decía que nadie más podría amarla, que ella era mercancía dañada, que era fea. Todo lo que le decía disminuía su frágil autoestima, y ella le creía. Pensaba que no tenía otra alternativa que quedarse con él. Pero a medida que empezó a perder su amor por él, Josie preparó su plan para dejarlo. Llamó a un albergue para mujeres, hizo preguntas sobre sus derechos maternales, y a escondidas empezó a sacar cosas esenciales de la casa. Cuando estaba lista para dar su paso, llamó a su esposo al trabajo y le dijo que se iba y se llevaba a los niños.

Requirió valor para que Josie tomara la decisión de dejar a su esposo. Sus suegros la acusaron de tener amoríos, su familia la esquivaba porque ellos se oponían de forma vehemente al divorcio, y su esposo amenazó con suicidarse. Josie recuerda que "antes de la sentencia de divorcio me llamó pidiéndome que fuera a la casa. Me aconsejaron que no fuera, pero de todas maneras fui porque sentí que yo había empezado la relación y quería estar presente cuando terminara. Cuando llegué, él tenía una pistola en la mesa. Me lloró y me suplicó que regresara. 'Si das un paso fuera de esa puerta, me mato', dijo". Pero Josie estaba determinada a dejarlo.

Dio la media vuelta y salió por la puerta, temerosa de que pudiera dispararle o suicidarse. Pero siguió de frente y no se arrepintió. Su esposo no se suicidó.

Después de tantos años de mantener su vida en secreto, Josie ahora está comprometida a elevar la voz y contar su historia. Comprende que al expresar públicamente lo que siente y lo que ha pasado como sobreviviente de abuso doméstico, está dando voz al dolor y a la lucha de otras mujeres. Ayuda a otras sobrevivientes informándoles que no están solas en su sufrimiento y las anima a que también eleven su voz. Josie comprende que sólo poniendo al descubierto el tema de la violencia doméstica es que las sobrevivientes, organizaciones que abogan por ellas, autoridades del orden público y otras personas pueden unirse para hacer que la violencia doméstica deje de afectar a nuestra sociedad.

Josie afronta sus sentimientos y secretos escribiendo poesía. Empezó a crear poemas cuando tenía unos doce años. Ahora sus sentimientos dejaron de ser secretos, su poesía es mucho más intensa, y brinda fortaleza a muchas mujeres. La gente le pregunta si siente miedo de lo que su ex esposo pueda hacer ahora que ella lo está exponiendo a través de sus libros de poesía ya publicados, lecturas públicas y entrevistas con los medios de comunicación. Me respondió que la necesidad de hacerse escuchar no tiene nada que ver con su ex esposo o con ella misma; se trata de sacar a la luz pública el tema de la violencia doméstica.

Esto es algo que tiene que hacerse, y si lo indigna, ese es su problema.
Él tendrá que buscar su propia ayuda, pero ese ya no es mi problema.
Ya no tengo que cuidarlo cuando está enojado como lo hacía en el pasado.
Ya no tengo que protegerlo más.

En su libro, *Reflexiones de mi vida de malos tratos,* Josie dice:

Mi libro es una colección de poesía que refleja las diferentes etapas de la sanación del abuso. Lo escribí para que otras víctimas y sobrevivientes, quienes no han podido encontrar su propia voz, puedan tomar la mía como propia. Estoy comprometida a seguir mi corazón, y mi corazón está con las víctimas y sobrevivientes de maltrato. Con cada manuscrito, mi poesía cambia porque mi nivel de sanación está en una etapa diferente. No quiero que estemos avergonzadas de nuestras experiencias frente al abuso. *La vergüenza no está en lo que hemos hecho, sino en lo que se nos hizo. Cada uno de mis poemas es una mano que se extiende para mis hermanas. Tenemos el derecho a no ser maltratadas, pero cuando lo somos, también tenemos derecho a decir que duele. Esta es mi manera de decir que me dolió el maltrato que sufrí, pero también me da la oportunidad de ayudar a otras a decir también cómo les duele.*

Los siguientes son poemas de la inspiración de Josie Mixon:

Vi estrellas

Vi salir estrellas esa noche
Con el golpe de tu puño
Siempre había oído que sucede
Pero sólo en las caricaturas
Un destello de estrellas eléctricas
Cayó fuertemente en mi cabeza
Y por un momento
Me pregunté si estaba muerta
El momento fue tan intenso
Pero aún así miré a mi alrededor
Me pregunté si habían caído
Como caen las estrellas fugaces
Ya no vi nada más
Ni siquiera el piso
Pero si te acercas
Todavía podrás verlas
En mis ojos

Amor Tradicional

Hablamos de tradiciones
Como si ellas siempre estarán presentes
Una tradición se define por el tiempo
Pasa de mano en mano
Con orgullo y dicha
Como el Día de Acción de Gracias en casa de mamá

O Navidad en el río
Y a lo mejor todas las mujeres
De la familia
Se reúnen
Y hacen tamales
Tal vez hasta tomen turnos
Con las recetas de las abuelitas
Pasar las costumbres
Compartir cosas tan cercanas al corazón
De mano en mano
No de mano a cara
Violencia doméstica
No es una opción
Como tampoco es una tradición
Que deba heredarse
De padre a hijo
O de padre a hija
O de madre a hijo
O de madre a hija
Las venas azules palpitan de rabia
No deberán heredarse
El amor tradicional se disfruta
No duele
Mis ojos castaños no son una invitación
A que los oscurezcas

Las mujeres en tu vida

No somos tu propiedad
Somos mujeres
Simple y sencillamente
Es una desgracia para nuestra raza
Que nos conozcan
Como las esposas golpeadas

Y como la gente violenta
El ciclo de violencia debe terminar
Y debemos escoger nuestras tradiciones
Con nuestros corazones
Y no nuestros puños
Nuestros antepasados
Nos dieron muchas tradiciones bellas
Que deberíamos honrar
Y cuando nuestra memoria regrese
Al tiempo y al lugar
Donde vimos pasar la batuta de la violencia
Decidimos dejarla caer y enterrarla
Para que nuestros hijos no se conviertan
En víctimas de abuso
Y entonces puedan heredar
Un amor tradicional

Los libros de Josie Mixon incluyen: *Off the Beaten Path* (2010); *Of Flesh and Bone I Am Woman Surviving Abuse* (2008) y *Reflections of My Battered Life* (2007).

¿Cómo compartirá su poder?

No tiene que ser una escritora o poeta para compartir sus experiencias y ofrecer su ayuda a otras sobrevivientes de abuso doméstico. Hay muchas formas de dar apoyo a las mujeres que lo necesitan. Podría ser voluntaria en un albergue local de mujeres, ofrecerse a tomar café con una comadre que usted sabe está pasando por una situación de violencia intrafamiliar, o presentar en una clase de una escuela secundaria local acerca del peligro de las relaciones abusivas. ¿Hay mujeres en su comunidad o en su familia a quienes podría extenderles una mano amiga —quienes puedan agradecer sus palabras de aliento y sus experiencias sobre cómo afrontar el abuso doméstico—?

Piense cómo podría compartir su poder con otras mujeres en su comunidad, para que ellas también puedan gozar de una vida pacífica y segura.

Ideas para compartir mi poder con otras mujeres

1. _____
2. _____
3. _____
4. _____
5. _____

¿Qué ha logrado leyendo este libro?

¿Recuerda que en el Capítulo Uno la invité a que anotara lo que esperaba lograr con la lectura de este libro? Ya que ha aprendido sobre las 7 Fortalezas de Latina Power y ha participado en varios ejercicios a través del libro, le invito a regresar al Capítulo Uno y vea lo que anotó. Luego, utilice el siguiente espacio para apuntar lo que aprendió, de qué manera se ha sentido motivada, y qué nuevas ideas ha desarrollado como resultado de haber leído e implementado el material de este libro. Siéntase con libertad de poder expresar los cambios positivos que han surgido dentro de usted. ¿Qué es lo que ha aprendido de sus 7 fortalezas? ¿Qué es lo que ha cultivado de su habilidad para decirle NO al abuso doméstico? ¿Cómo visualiza su vida en el futuro cercano? Este es su espacio para expresar su orgullo sobre lo que ha aprendido y anotar su plan sobre cómo crear una vida más feliz y segura utilizando las 7 Fortalezas de Latina Power.

Seguridad de la Reina 185

Lo que he logrado leyendo este libro

¡Utilizando su *Latina Power*!

¡Latina Power!, y sus fortalezas no son para cambiar la persona que usted es; se trata de desarrollar el poder que ya tiene. Heredó este poder de las mujeres en su familia y comunidad, así como también de sus antepasados. Estas mujeres se hicieron creativas, aguantadoras, comadres, diplomáticas, atrevidas, malabaristas y Reinas debido a que su cultura y la sociedad les exigió esas cualidades. Gracias a estas poderosas mujeres, usted lleva dentro de sí su creatividad, determinación y valor; sus habilidades de comunicación, sentido de equilibrio, discreción y confianza. Todo esto confluye en la sabiduría colectiva que las latinas tenemos la fortuna de llevar dentro nuestro, de generación en generación, y que ahora usted puede valorar y compartir generosamente con los demás.

Mi deseo es que su Latina Power la capacite a decir NO al maltrato y a decir SÍ a una existencia feliz y pacífica. ¡Deseo que disfrute el convertirse en la *reina* de su propia vida!

APÉNDICE

Organizaciones

Alerta: Antes de enviar un email o de visitar cualquiera de los siguientes sitios en Internet, sepa que su pareja puede descubrir sus actividades en Internet. La manera más segura de buscar información es en una biblioteca, o en la casa de una amistad o de un familiar.

Organizaciones

Congreso Americano de Obstetras y Ginecólogos (ACOG)
www.acog.org
Haga Clic en "Women's Issues" luego donde dice "Violence Against Women" ACOG ofrece publicaciones profesionales sobre violencia en contra de mujeres (violencia por parte de la pareja, abuso sexual, entre adolescentes).

Lista de recursos y ayuda contra el abuso, violación sexual y violencia doméstica
www.aardvarc.org
Organización no lucrativa dedicada a luchar contra la violencia en la familia y en las relaciones, la violencia sexual y el abuso infantil. Es un grupo de voluntarios formado por ex víctimas de violencia intrafamiliar,

con el propósito de asistir a otras personas a encontrar recursos, recibir una guía, y gozar del apoyo y la empatía de otras personas que han pasado por situaciones similares. Sus miembros se han transformado: de ser víctimas, pasaron a ser impulsores de la lucha, dejando atrás su situación de abusos y ahora fungiendo de administradoras de albergues de mujeres, policías, operadores de la línea de emergencias 911, abogados de las víctimas o consejeras.

Casa de la Familia
www.casadelafamilia.org
(213) 384-7848; (714) 667-5220
Casa de la Familia, la organización patrocinadora de este libro, fue establecida por su Directora Clínica la Dra. Ana Nogales, para víctimas de crímenes, incluyendo violencia intrafamiliar, violación sexual, trata de personas, abuso infantil y otros crímenes. Su personal bilingüe y bicultural ofrece servicios psicológicos y psiquiátricos en los condados de Los Angeles, Riverside y Orange. También ofrecen servicios de visitas domiciliarias y cuentan con programas educativos y de enlace comunitario.

Casa de Esperanza
www.casadeesperanza.org
Línea de 24 horas para crisis 651-772-1611 en St. Paul, Minnesota
Casa de Esperanza tiene la misión de movilizar a las Latinas y a la comunidad Latina para poner fin a la violencia intrafamiliar. Ofrecen educación e información sobre recursos comunitarios, con una línea telefónica de 24 horas para atender crisis relacionadas con violencia intrafamiliar. Ofrecen un refugio para mujeres y niños, y tienen programas para padres. A nivel nacional, trabajan con la Red Nacional Latina para familias y comunidades saludables.

Domestic Abuse Awareness, Inc.
(Concientización de abuso doméstico, Inc.)
www.domesticabuseaware.org

Domestic Abuse Awareness, Inc. (DAA) es una organización dedicada a la lucha para la erradicación de la violencia en contra de mujeres y niños. La DAA fue fundada en 1991 con la misión de exponer el horror de la violencia intrafamiliar y ponerle fin, proporcionando educación, aumentando la conciencia pública y tomando acción. Hoy la DAA es una organización internacionalmente reconocida como centro de recurso visual y de comunicación sobre violencia intrafamiliar. Las fotografías de la DAA han sido difundidas en programas de televisión, revistas, periódicos y anuncios de servicio público a través de Estados Unidos, Canadá y Europa. Más de 95 albergues para mujeres, grupos gubernamentales, agrupaciones médicas y organizaciones no lucrativas han exhibido las fotografías de la DAA para recaudar los tan necesitados fondos e incrementar la concientización local. Trabajando con fotógrafos y artistas cuyas obras están basadas en la violencia intrafamiliar, la DAA fomenta la difusión de la existencia de la violencia en el hogar y la urgencia para frenarla.

Family Violence Prevention Fund
(Fondo Preventivo de Violencia Familiar)
www.endabuse.org

El fondo preventivo de violencia familiar (FVPF por sus siglas en inglés), se dedica a poner fin a la violencia en contra de mujeres y niños. Ha sido clave en el desarrollo de la importante Ley de la Violencia en Contra de Mujeres, aprobada por el Congreso de Estados Unidos en 1994. La FVPF continúa con sus esfuerzos de transmitir su mensaje a más personas y alcanzar a una mayor población que incluye hombres y jóvenes, además promueve el liderazgo dentro de las comunidades, con el fin de asegurarse que los esfuerzos para la prevención de la violencia sean autosuficientes y transformen la manera en que los proveedores de salud, policías, jueces, empleadores y otros perciban y traten la violencia y sus efectos.

Instituto Nacional de las Mujeres en México

www.inmujeres.gob.mx

Línea "Vida sin Violencia": 01 800 911 25 11

Instituto Nacional de las Mujeres (INMUJERES) está comprometido con su Programa Nacional de Igualdad entre Mujeres y Hombres, el cual promueve una vida sin violencia o discriminación. Según Rocío García Gaytán, presidenta de INMUJERES, siete de cada diez mujeres han sido víctimas de violencia, y esta organización continúa su lucha por crear una sociedad libre de violencia, con derechos y oportunidades iguales para los hombres y mujeres de México.

"En México las mujeres queremos un mundo libre de violencia intrafamiliar, porque nuestras hijas e hijos merecen un México pleno de amor, libertad y armonía. Para que México sea un país donde se respire ese aire de paz, tranquilidad y seguridad, tenemos que atrevernos a soñar que vamos a lograrlo y para ello necesitamos educar a nuestras hijas e hijos. La violencia intrafamiliar trasciende generaciones y está en nuestras manos cambiar la dirección de nuestro destino". Aranzazu Flores Castellanos, Directora de Relaciones Públicas de INMUJERES.

National Coalition Against Domestic Violence
(Coalición Nacional Contra la Violencia Doméstica)

www.ncadv.org haga clic en "State Coalition List" (Lista de coalición estatal) para encontrar la lista de programas en su área.

La Coalición Nacional Contra la Violencia Doméstica (**NCADV** por sus siglas en inglés) tiene la misión de realizar importantes cambios sociales, necesarios para eliminar tanto la violencia personal, como la que se encuentra dentro de nuestra sociedad contra todas las mujeres y los niños. Cumple con su misión de la siguiente manera:

- Forma coaliciones a nivel local, estatal, regional y nacional
- Apoya y ofrece alternativas no violentas dentro de la comunidad (programas para hogares y albergues seguros) para mujeres golpeadas y sus hijos
- Brinda educación pública y asistencia técnica

- desarrolla normas, regulaciones y leyes innovadoras
- Se enfoca en sus líderes y equipos de trabajo que específicamente representan las inquietudes de grupos que suelen estar sub-representados
- Se esfuerza por erradicar condiciones sociales que contribuyen a la violencia en contra de mujeres y niños.

La **NCADV** intenta influenciar la política pública y la legislación que afectan a las mujeres y a sus hijos:

- Trabaja conjuntamente con legisladores federales para desarrollar, aprobar y patrocinar leyes nacionales (tales como la ley de la violencia en contra de las mujeres) que se concentran en la intimidación en contra de mujeres y niños
- patrocina conferencias sobre violencia intrafamiliar para proveer un foro único dentro del movimiento de las mujeres golpeadas, y así establecer una red de comunicación, diálogo, debate y desarrollo de liderazgo.

National Domestic Violence Hotline (Línea directa nacional contra la Violencia Doméstica), cuyas siglas son **NDVH**
www.ndvh.org
1 (800) 799-7233
Comuníquese con la **NDVH** ya sea por teléfono o correo electrónico para encontrar un grupo de apoyo o albergue en su área.

- Servicios de la línea directa incluyen:
  - Intervención de crisis, planificación de seguridad, información sobre violencia intrafamiliar y referencias a proveedores de servicios locales
  - Comunicación directa a recursos de violencia intrafamiliar disponibles en su área, ofrecidos por un trabajador/a de la línea de asistencia.
  - Asistencia en inglés y español

National Latino Alliance for the Elimination of Domestic Violence
(Alianza Latina Nacional para la Eliminación de la Violencia Doméstica)
1 (800) 342-9908
www.dvalianza.org
Alianza es una organización enfocada en la eliminación de la violencia intrafamiliar dentro de la comunidad latina. Sus sitios web, disponibles en español e inglés, abarcan información sobre recursos para víctimas, así como también una sección de historias de sobrevivientes.

National Network to End Domestic Violence
(Red Nacional para poner fin a la Violencia Doméstica)
www.nnedv.org
Una alianza de programas de albergues, grupos defensores a nivel estatal y coaliciones alrededor del país. **NNEDV** (siglas en inglés) sirve como la voz de denuncia sobre asuntos de violencia intrafamiliar en el Congreso de Estados Unidos, Poder Ejecutivo y tribunales federales.

National Online Resource Center on Violence Against Women
(Centro Nacional de Recursos en Línea, sobre la Violencia
en Contra de las Mujeres)
www.vawnet.org
VAWnet, representa el centro nacional de recursos en línea sobre la violencia en contra de las mujeres, y es patrocinada a través de un acuerdo cooperativo entre el Centro Nacional de Estados Unidos para el Control y Prevención de Enfermedades y el Centro Nacional de Recursos de Violencia Doméstica (**NRCDV** siglas en inglés).

- VAWnet es una colección global y de fácil acceso a recursos electrónicos para víctimas de violencia intrafamiliar, violencia sexual y asuntos relacionados.
- El propósito primordial de VAWnet es brindar apoyo local, estatal y nacional para la prevención de la violencia en contra de la mujer, y estrategias de intervención que sean seguras y

efectivas. Además, se concentra en asuntos relacionados a las consecuencias de la violencia en víctimas y sobrevivientes.

- Las áreas que VAWnet cubre son la violencia en contra de mujeres en comunidades tradicionalmente marginadas, la conexión entre la agresión sexual y la violencia intrafamiliar, y las "intersecciones" (el impacto desproporcionado que ejerce la pobreza, dependencia química, racismo, estatus legal, homofobia, incapacidad mental y/o física y otros riesgos para la vida, en víctimas y sobrevivientes de violencia).

Office for Victims of Crime (OVC) Oficina para Víctimas de Crímenes
www.ojp.usdog.gov/ovc
La Oficina para Víctimas de Crímenes es parte del Departamento Federal de Justicia. OVC ofrece fondos para programas de asistencia estatal y programas de compensación que ayudan en la sanación y recuperación de las víctimas. La agencia también apoya los esfuerzos de entrenamiento para educar a los profesionales en justicia criminal y áreas relacionadas sobre los derechos y necesidades de las víctimas de crímenes.

Witness Justice
www.witnessjustice.org
Witness Justice ofrece a víctimas de situaciones traumáticas y a sus seres queridos los recursos para promover la sanación física, psicológica y espiritual. El sitio en Internet cuenta con acceso a expertos, salas virtuales para realizar preguntas y una lista de recursos impresos y en Internet para asistir a víctimas.

Otros libros de la Doctora Ana Nogales:

En Español:

Amor, Intimidad y Sexo: Una Guía para la Pareja Latina, Dr. Ana Nogales con Laura Golden Bellotti. Broadway Books, 1998

Latina es Poder: Descubre las 7 Fortalezas que Tienes para Triunfar, Dr. Ana Nogales con Laura Golden Bellotti. Libros en Español / Simon & Schuster, 2003

Autoayuda Psicológica

Colección de discos compactos con temas desarrollados en sus programas de radio y televisión: "Cómo salir de la depresión", "Cómo manejar la ansiedad", "Aprenda a relajarse", "Superando nuestro pasado", "Cómo quererse a sí mismo", "Use el enojo positivamente", "Comprenda y resuelva sus miedos", "Cómo encontrar la felicidad", "Ideas y consejos sobre la pareja ideal", "Quiera a su cuerpo, es su mejor amigo", y "Hacia una vida sexual sana".

En Ingles:

Dr. Ana Nogales' Book of Love, Sex and Relationships: A Guide for Latino Couples, Dr. Ana Nogales with Laura Golden Bellotti. Broadway Books, 1999

Latina Power: Using 7 Strengths You Already Have to Create the Success You Deserve, Dr. Ana Nogales with Laura Golden Bellotti. Fireside / Simon & Schuster, 2003

Parents Who Cheat: How Infidelity Affect Children and Adult Children when Parents Are Unfaithful Dr. Ana Nogales with Laura Golden Bellotti. HCI, 2009

LaTEENa Power, 7 Inner Strengths for Creating Success, a curriculum-empowerment program. Dr. Ana Nogales with Laura Golden Bellotti and Krishna Harrison, J.D., 2010.

Notas

Capítulo 1: Utilice sus 7 fortalezas de ¡Latina Power! para decir NO al maltrato.

1. *Violence and the Family: Report of the American Psychological Association Presidential Task Force on Violence and the Family*, American Psychological Association, 1996
2. www.ovw.usdoj.gov/domviolence.htm

Capítulo 2: Espíritu Creativo para forjar una vida sin violencia.

1. *Ageless Body, Timeless Mind: The Quantum Alternative to Growing Old*, Deepak Chopra, Three Rivers Press, New York, 1993
2. American Cancer Society sitio web 2008 www.cancer.org

Capítulo 3: Determinación de Aguantadora para reconocer la diferencia entre un comportamiento aceptable y uno abusivo.

1. www.ovw.usdoj.gov/domviolence.htm

Capítulo 5: Habilidad Comunicativa de la Comadre para comunicarse con quienes pueden ayudarle

1. Presentación de Rigoberta Menchú en la Universidad Chapman, 20 de octubre de 2008
2. Universidad de California Los Ángeles (2000, 22 de Mayo). "UCLA, Científicos Identifican Clave del Biocomportamiento utilizado por las Mujeres para Manejar el Estrés" *Science Daily*. Obtenido el 1 de Octubre de 2008, procedente de http://www.sciencedaily.com / releases/2000/05/000522082151.htm

Capítulo 6: Equilibrio de Malabarista para dar prioridad a sus propias necesidades y a las de sus hijos

1. Reporte de American Psychological Association Presidential Task Force on Violence and the Family, American Psychological Association, 1996, página 53
2. www.dvalianza.org "Hombres Latinos Alzan la Voz en Contra de la Violencia Doméstica"
3. McDonald, Renee, Ernest N. Jouriles, Sunasini Ramisetty-Mikler, et al. 2006 Calculando el número de niños que viven en familias con pareja violenta. Journal of Family Psychology 20(1): 137-142
4. www.dvalianza.org "Hombres Latinos Alzan la Voz en Contra de la Violencia Doméstica"

Capítulo 7: Discreción de Diplomática para preparar su plan de acción

1. Para una mayor comprensión de la sexualidad sana y la diferencia en el apetito sexual entre hombres y mujeres, sugiero que lea mi libro, *Dra. Nogales Amor, intimidad y sexo,* específicamente, el Capítulo 4, titulado "Amantes latinos bajo las sábanas".

Capítulo 8: Seguridad de Reina para disfrutar su vida y ayudar a otras sobrevivientes de abuso doméstico

1. Presentación de Rigoberta Menchú en la Universidad Chapman, 20 de octubre de 2008

Acerca de la Autora

Ana Nogales, Doctora en Filosofía y Psicóloga Clínica, fundadora de Nogales Psychological Counseling, Inc. (Centro Nogales de Asesoramiento Psicológico, Incorporado) y de Casa de la Familia, organización no-lucrativa establecida para dar tratamiento de salud mental a víctimas de crímenes tales como: violaciones sexuales, agresión sexual, abuso sexual y físico de menores, trata de personas, y violencia intrafamiliar. Ejerce su especialidad en los condados de Los Ángeles y Orange, supervisando un programa clínico integrado por más de cincuenta profesionales bilingües y biculturales en salud mental y en programas de asesoría y participación social.

La Dra. Nogales es Presidenta de ALMA (siglas en inglés) Asociación Latina de Concientización de Salud Mental en los Condados de Orange y Los Angeles, miembro de la junta directiva de Las Comadres para las Américas, y de la línea de servicios 2-1-1 del Condado de Orange.

Otros libros publicados por la Dra. Ana Nogales incluyen "Padres infieles: Efectos que sufren los niños e hijos adultos cuando sus padres son infieles" (HCI Books), "¡Latina es Poder! Descubre las siete fortalezas que tienes para triunfar" (Simon & Schuster) y "Amor, Intimidad y Sexo, Una Guía para la Pareja Latina" (Broadway Books).

Además, la Dra. Ana Nogales se ha convertido en una dramaturga al escribir dos obras de teatro: *"De Sabios y Locos"*, donde profundiza el tema del estigma de la enfermedad mental; y *"No Me Llames Baby!"*, donde revela la tragedia de la trata de personas.

La Dra. Nogales ha sido destacada en los medios de comunicación —particularmente en Univisión y Telemundo— y ha sido anfitriona de su propio programa en radio y televisión. Durante diecisiete años escribió una columna para el periódico La Opinión de Los Ángeles, California, y también colaboró en varias otras revistas. Ha sido la principal oradora en numerosos talleres y conferencias a través de los Estados Unidos de América, incluyendo la Conferencia Mujeres, Poder y Paz en el Instituto Omega y la Fundación de Mujeres.

En 2009, la Dra. Nogales recibió el "Premio Humanitario Heritage" de La Misión Internacional de Estados Unidos y Un Millón de Niños, y fue homenajeada como "Mujer Extraordinaria del Año" por la Asociación Nacional de Empresarias Propietarias de Negocios. Reconocida con el premio "Emprendedora Latina del Año 2007" por la Asociación Nacional de Latinas Comerciantes, y en 2006 SOKA GAKKAI INTERNACIONAL y SGI-USA le otorgó el reconocimiento "Premio Humanitario". Su vida y logros han sido destacados desde 2005 en Sacramento en la exhibición "Latinas: El Espíritu de California", en el Museo de California para la Historia, Mujeres y las Artes.

Su nueva realización es la revista *Doctora Ana: Salud, Psicología y Vida*, fuente de información para toda persona interesada en una vida más saludable (2011).

Para más información, dirigirse a los siguientes sitios:

www.doctoraana.net
www.ananogales.com
www.casadelafamilia.org

Sobre la Colaboradora

Laura Golden Bellotti es escritora. Ha colaborado en una gran cantidad de libros de no-ficción, incluyendo: *Parent Who Cheat*; *Emotionally Healthy Twins*; *Latina Power! Creative Weddings* y *You Can't Hurry Love*. Fue la editora del best-seller *Women Who Love Too Much*.

Traducción por Luz Elena Montaño. Edición por Alicia Morandi y Lilian de la Torre-Jiménez

www.ingramcontent.com/pod-product-compliance
Lightning Source LLC
Chambersburg PA
CBHW072127160426
43197CB00012B/2023